T0089379

THE BEST OF EVERYTHING® WORD SEARCH BOOK

Welcome to the EVERYTHING® Series!

These handy, accessible books give you all you need to tackle a difficult project, gain a new hobby, comprehend a fascinating topic, prepare for an exam, or even brush up on something you learned back in school but have since forgotten.

You can choose to read an Everything® book from cover to cover or just pick out the information you want from our four useful boxes: e-questions, e-facts, e-alerts, and e-ssentials. We give you everything you need to know on the subject, but throw in a lot of fun stuff along the way, too.

We now have more than 400 Everything® books in print, spanning such wide-ranging categories as weddings, pregnancy, cooking, music instruction, foreign language, crafts, pets, New Age, and so much more. When you're done reading them all, you can finally say you know Everything®!

PUBLISHER Karen Cooper

MANAGING EDITOR, EVERYTHING® SERIES Lisa Laing

COPY CHIEF Casey Ebert

ASSOCIATE PRODUCTION EDITOR Mary Beth Dolan

ACQUISITIONS EDITOR Lisa Laing

EVERYTHING® SERIES COVER DESIGNER Erin Alexander

LAYOUT DESIGNERS Erin Dawson, Jessica Faria, Michelle Roy Kelly, Elisabeth Lariviere

Visit the entire Everything® series at *www.everything.com*

THE BEST OF EVERYTHING® WORD SEARCH BOOK

Build your brain power with
150 easy to hard word search puzzles

Charles Timmerman
Founder of Funster.com

Adams Media
New York London Toronto Sydney New Delhi

Adamsmedia
Adams Media
An Imprint of Simon & Schuster, Inc.
100 Technology Center Drive
Stoughton, MA 02072

Copyright © 2013 by Simon & Schuster, Inc.

All rights reserved, including the right to reproduce this book or portions thereof in any form whatsoever. For information address Adams Media Subsidiary Rights Department, 1230 Avenue of the Americas, New York, NY 10020.

An Everything® Series Book.
Everything® and everything.com® are registered trademarks of Simon & Schuster, Inc.

ADAMS MEDIA and colophon are trademarks of Simon and Schuster.

For information about special discounts for bulk purchases, please contact Simon & Schuster Special Sales at 1-866-506-1949 or business@simonandschuster.com.

The Simon & Schuster Speakers Bureau can bring authors to your live event. For more information or to book an event contact the Simon & Schuster Speakers Bureau at 1-866-248-3049 or visit our website at www.simonspeakers.com.

Manufactured in the United States of America

16 2024

Library of Congress Cataloging-in-Publication Data has been applied for.

ISBN 978-1-4405-5881-8

Many of the designations used by manufacturers and sellers to distinguish their products are claimed as trademarks. Where those designations appear in this book and Simon & Schuster, Inc., was aware of a trademark claim, the designations have been printed with initial capital letters.

Contains material adapted from the following titles, The Everything® Word Search Book by Charles Timmerman, published by Adams Media, an Imprint of Simon & Schuster, Inc., ISBN 13: 978-1-59337-431-0, and The Everything® Giant Book of Word Searches by Charles Timmerman, published by Adams Media, an Imprint of Simon & Schuster, Inc., ISBN 13: 978-1-59869-536-6.

Contents

Introduction ▪ **13**

CHAPTER 1: **STAGE AND SCREEN ▪ 16**

Theater ▪ 16
Making Movies ▪ 17
Shakespeare on the Stage ▪ 18
Funny Movies ▪ 19
Screen Stars ▪ 20
Actors ▪ 21
Western Movies ▪ 22
Broadway Players ▪ 23
Playwrights ▪ 24
On the Silver Screen ▪ 25
Actresses ▪ 26
Music in the Movies ▪ 27
On the Stage ▪ 28
Titanic ▪ 29
Shakespeare's Characters ▪ 30

CHAPTER 2: **AROUND THE WORLD ▪ 31**

World Traveler ▪ 31
U.S. Capitals ▪ 32
It's a Jungle Out There ▪ 33
Islands ▪ 34
U.S. States ▪ 35
Rainforests ▪ 36
Small Towns ▪ 37
Airports ▪ 38
Asian Nations ▪ 39
The Land Down Under ▪ 40
U.S. Cities ▪ 41
A Trip to South America ▪ 42
African Nations ▪ 43
European Vacation ▪ 44
National Capitals ▪ 45

CHAPTER 3: **THE ANIMAL KINGDOM ▪ 46**

Wild World of Animals ▪ 46
Dogs and Cats ▪ 47
Insects ▪ 48
Something Fishy ▪ 49
Reptiles ▪ 50
Jurassic Animals ▪ 51
Horses ▪ 52
Warm-Blooded Animals ▪ 53
Endangered Species ▪ 54
Pets ▪ 55
Bird Watching ▪ 56

Extinct Animals ▪ 57
Snakes ▪ 58
Under the Sea ▪ 59
A Day at the Zoo ▪ 60

CHAPTER 4: **WORKPLACE WORD SEARCH ▪ 61**

Business as Usual ▪ 61
Business Leaders ▪ 62
Careers ▪ 63
The Office ▪ 64
Firefighters ▪ 65
Doctors ▪ 66
Engineers ▪ 67
Software Development ▪ 68
Corporations ▪ 69
Waiters ▪ 70
Taxes ▪ 71
Business Plan ▪ 72
Police on the Beat ▪ 73
Lawyers ▪ 74
It's My Job ▪ 75

CHAPTER 5: **FUN WITH FOOD ▪ 76**

Fruit ▪ 76
Vegetables ▪ 77
Italian Foods ▪ 78
Pie in the Face ▪ 79
Perfect Picnic ▪ 80
Side Salads ▪ 81

Pasta ▪ 82
Cocktail Hour ▪ 83
Spice It Up ▪ 84
Seafood Restaurant ▪ 85
Baking Cookies ▪ 86
Soups ▪ 87
Something to Drink ▪ 88
Candy ▪ 89
Berry Delicious ▪ 90

CHAPTER 6: **HOLIDAYS AND CELEBRATIONS ▪ 91**

Party Time ▪ 91
Thanksgiving ▪ 92
Traditional Anniversary Gifts ▪ 93
Christmas ▪ 94
Wedding Ceremony ▪ 95
Easter ▪ 96
Labor Day ▪ 97
Baby Shower ▪ 98
Happy Hanukkah ▪ 99
Fourth of July ▪ 100
Trick or Treat ▪ 101
Birthday Party ▪ 102
Be My Valentine ▪ 103
Happy New Year! ▪ 104
Santa Claus Is Coming to Town ▪ 105

CHAPTER 7: **POP CULTURE ▪ 106**

Animated Cartoon Characters ▪ 106
'60s Flashback ▪ 107
Reality TV ▪ 108
Comedians ▪ 109
Campus Mascots ▪ 110
What's Your Sign? ▪ 111
Star Trek ▪ 112
Funny Pages ▪ 113
World Wide Web ▪ 114
Turn on the TV ▪ 115
Costume Party ▪ 116
Board Games ▪ 117
Game Shows ▪ 118
Star Wars ▪ 119
The Wonderful World of Disney ▪ 120

CHAPTER 8: **MUSICAL PUZZLES ▪ 121**

Musical Words ▪ 121
Popular Bands ▪ 122
Musical Instruments ▪ 123
Classical Music ▪ 124
Jazz Musicians ▪ 125
Country Music ▪ 126
Opera ▪ 127

Song Writers ▪ 128
Play Jazz ▪ 129
Musical Genres ▪ 130
Rocking Around ▪ 131
Music Composers ▪ 132
Philharmonic ▪ 133
Music and Words ▪ 134
Let's Dance ▪ 135

CHAPTER 9: **STORY TIME ▪ 136**

Written Words ▪ 136
Classics ▪ 137
Harry Potter ▪ 138
Greek Gods ▪ 139
Aye Matey! ▪ 140
Authors ▪ 141
Public Library ▪ 142
Fairy Tales ▪ 143
Famous Poets ▪ 144
Novels ▪ 145
Children's Books ▪ 146
Wonderful Writers ▪ 147
Science Fiction ▪ 148
Books ▪ 149
Magic Fairyland ▪ 150

CHAPTER 10: **THE WIDE WORLD OF SPORTS ▪ 151**

Baseball Players ▪ 151
A Sporting Chance ▪ 152
Tennis Anyone? ▪ 153
On the Baseball Field ▪ 154
Olympic Games ▪ 155
Football Players ▪ 156
Spelunking ▪ 157
University Teams ▪ 158
Play Golf ▪ 159
Hockey ▪ 160
A Day at the Races ▪ 161
Track and Field ▪ 162
Gymnastics ▪ 163
NASCAR ▪ 164
Hoops ▪ 165

ANSWERS ▪ **167**

Introduction

▶ THE PUZZLES IN this book are in the traditional word search format. Words in the list are hidden in the grid in any direction: up, down, forward, backward, or diagonally. The words are always found in a straight line and letters are never skipped. Words can overlap. For example, the letters at the end of the word "MAST" could be used as the start of the word "STERN." Only the letters A to Z are used, and any spaces in an entry are removed. For example, "TROPICAL FISH" would be found in the grid as "TROPICALFISH." Draw a circle around each word that you find in the grid. Then cross the word off the list so that you will always know what words remain to be found.

A favorite strategy is to look for the first letter in a word, then see if the second letter is in any of the eight neighboring letters, and so on until the word is found. Or instead of searching for the first letter in a word, it is sometimes easier to look for letters that stand out, like Q, U, X, and Z. Double letters in a word will also stand out and be easier to find in the grid. Another strategy is to simply scan each row, column, and diagonal looking for any words.

The puzzles in this book have diverse and entertaining themes. Travel around the globe with puzzles like *European Vacation* and *A Trip to South America*. Relive old favorites when you work the puzzles *60s Flashback* and *Animated Cartoon Characters*. Become an armchair athlete with *Tennis Anyone?* and *Track and Field*. And relax with the puzzles *Classical Music* and *Baking Cookies*.

PUZZLES

CHAPTER 1: **STAGE AND SCREEN**

Theater

I	B	W	C	R	E	T	I	R	W	K	R	C	Y	O	P	X	Q	T	J
J	E	F	S	B	N	V	U	J	D	Y	H	H	J	E	W	W	B	L	N
A	C	D	E	S	I	G	N	E	R	T	P	E	C	I	O	V	O	J	A
J	Y	V	U	M	S	Y	E	K	E	A	R	H	A	S	Y	P	G	H	P
I	Y	G	K	Z	F	C	T	D	R	L	I	G	H	T	I	N	G	F	S
G	Z	X	C	F	V	H	R	G	E	C	N	A	M	R	O	F	R	E	P
C	D	A	C	T	E	D	O	E	C	M	K	J	L	T	N	H	E	T	A
V	H	I	V	A	Y	E	Q	D	E	T	O	S	D	P	O	E	C	I	Y
S	C	Z	T	H	R	T	E	S	C	N	K	T	T	J	S	C	N	C	R
Y	M	R	Z	O	L	A	S	R	A	E	H	E	R	U	D	R	E	K	O
P	E	D	H	C	S	M	N	G	F	P	G	D	A	O	E	Y	I	E	T
K	L	C	Z	S	A	O	A	R	N	K	R	L	L	V	G	N	D	T	S
L	W	L	B	W	I	T	H	N	J	I	P	O	I	B	C	G	U	C	K
J	T	V	D	T	E	N	W	V	A	P	K	E	D	L	Z	S	A	S	X
E	M	R	C	X	I	Z	A	A	A	G	W	C	O	U	A	M	A	R	D
D	G	I	Y	A	L	R	N	L	L	U	E	S	O	N	C	K	E	Q	G
U	D	A	T	S	E	D	M	H	K	K	E	R	F	L	O	E	H	Z	K
B	C	R	T	M	V	F	R	G	Y	U	Z	E	S	X	B	U	R	F	O
L	U	Y	A	S	H	V	P	O	P	D	I	R	E	C	T	O	R	N	P
C	P	C	D	L	W	C	O	S	T	U	M	E	S	C	R	I	P	T	J

ACT
APPLAUSE
AUDIENCE
BLOCKING
CAMERA
CATWALK
CHOREOGRAPHY
CLOSEUP
COSTUME
CURTAIN
DESIGNER
DICTION
DIRECTOR
DRAMA
LIGHTING
MANAGER
PAN
PERFORMANCE
PRODUCER
REHEARSAL
REVIEW
SCREEN
SCRIPT
SET
SHOW
STAGE
STORY
THEATRE
TICKET
VOICE
WRITER

Solution on page 169

Making Movies

D F B S T E L E C T R I C I A N Y L T L
N P P A R T Y S D Z O E T R O P E N H J
Y J D R S R P P C Y T I C I L B U P R I
H L W E O R E A N I A D S E I K L A T X
O O S M U D A H R O N G U J M O O H R Y
R P T A N I U T P T I H E B Q Z O E O R
R T G C D G D C S A D T C N B S P R T A
O I E Y S I M G T R R E U E T I I N C T
R C R K T T Z N C I O G P B T S N E E N
O A J S A A R I O X O T O A I O G G J E
L L P C G L B R M I C N A T R R R W O M
O S V R E I A E E S T Y M M A T T Y R U
C E S E T M C K D X N I T A I M M S P C
E M U E I A K C Y I U O D I N N E E I O
I U B N C G L I G H T S R U R A A N N D
W T T P K I O L T O S O E T A U G I I T
G S I L E N T F I L M Y R M A U C E G C
X O T A T G C H O R E O G R A P H E R C
Q C L Y O B T S E B O R A C T R E S S L
Q F E A T U R E T A E H T E L Z F U P I

ACTRESS
AGENTS
ART DEPARTMENT
AUDITION
BACKLOT
BEST BOY
CAMERAS
CGI ANIMATORS
CHOREOGRAPHER
CINEMATOGRAPHER
COLOR
COMEDY
COSTUMES
DIGITAL IMAGING
DISTRIBUTION
DOCUMENTARY
DUBBING
EDITOR
ELECTRICIAN
FEATURE
FLICKERING
FRAMES
GENRE
HORROR
LIGHTS
LOOPING
OPTICALS
PARTY
PATRONS
PRODUCTION MANAGER
PROJECTOR
PUBLICITY
PYROTECHNICS
SCREENPLAY
SECURITY
SILENT FILM
SOUND STAGE
STARS
STUNT COORDINATOR
SUBTITLE
TALKIES
THEATER
TICKET
ZOETROPE

Solution on page 169

Shakespeare on the Stage

E H A M L E T W E L F T H N I G H T F S
A N Q A N O E N E D I I I D R A H C I R
T I T H E W I N T E R S T A L E T W B U
A M E A W J U E J U L I U S C A E S A R
S J B N W E R H S E H T F O G N I M A T
O A Q E S V G T H E T E M P E S T T W I
N E R U S A E M R O F E R U S A E M Y M
N T R O I L U S A N D C R E S S I D A O
E T I E K I L U O Y S A K I N G J O H N
T R Z S U C I N O R D N A S U T I T C O
S A V H D W W F R A E L G N I K Q L W F
I G Y R O M E O A N D J U L I E T I M A
F E D M E R C H A N T O F V E N I C E T
H D C O R I O L A N U S E L C I R E P H
T Y L O V E S L A B O U R S L O S T E E
E A R T A P O E L C D N A Y N O T N A N
B S I N O D A D N A S U N E V T R V C S
C Y M B E L I N E H I S T O R Y B Z U F
A O L L E H T O B V K H H Z V P W Z E B
M I Z R P G V G U Y P H B C I Q A A G M

ANTONY AND CLEOPATRA
AS YOU LIKE IT
CORIOLANUS
CYMBELINE
HAMLET
HENRY V
HISTORY
JULIUS CAESAR
KING JOHN
KING LEAR
LOVES LABOURS LOST
MACBETH
MEASURE FOR MEASURE
MERCHANT OF VENICE
OTHELLO
PERICLES
RICHARD III
ROMEO AND JULIET
SONNETS
TAMING OF THE SHREW
THE COMEDY OF ERRORS
THE TEMPEST
THE WINTERS TALE
TIMON OF ATHENS
TITUS ANDRONICUS
TRAGEDY
TROILUS AND CRESSIDA
TWELFTH NIGHT
VENUS AND ADONIS

Solution on page 169

Funny Movies

A CHRISTMAS STORY
AFRICAN QUEEN
AMELIE
ANNIE HALL
ARSENIC AND OLD LACE
BIG FISH
BRINGING UP BABY
CHARADE
CITY LIGHTS
DR STRANGELOVE
DUCK SOUP
FINDING NEMO
HARVEY
HIS GIRL FRIDAY
MANHATTAN
NIGHT AT THE OPERA
PHILADELPHIA STORY
ROMAN HOLIDAY
SINGIN IN THE RAIN
SOME LIKE IT HOT
SULLIVANS TRAVELS
THE GOLD RUSH
THE GREAT DICTATOR
THE INCREDIBLES
THE KID
THE STING
THE THIN MAN
TO BE OR NOT TO BE
TROUBLE IN PARADISE
YOUNG FRANKENSTEIN

Y Y R O T S A I H P L E D A L I H P C E
N R T T A F R I C A N Q U E E N A Y R I
G I O H O H N A M N I H T E H T R O T L
D N A T E B S L L A H E I N N A S U T E
F Z I R S I E U P U O S K C U D E N O M
O G J T E S N O R H D I K E H T N G H A
Z E A R S H A C R D S J N N O Z I F T H
N X S C O E T M R N L I N W A Y C R I I
H A R V E Y H N T E O O F I D P A A E S
C H A R A D E T I S D T G G Z Z N N K G
N A T T A H N A M N I I T E I M D K I I
C I T Y L I G H T S I R B O H B O E L R
F I N D I N G N E M O G H L B T L N E L
R O M A N H O L I D A Y N C E E D S M F
D R S T R A N G E L O V E I A S L T O R
B R I N G I N G U P B A B Y S Z A E S I
R O T A T C I D T A E R G E H T C I L D
S U L L I V A N S T R A V E L S E N C A
E S I D A R A P N I E L B U O R T S X Y
B T X N I G H T A T T H E O P E R A E T

Solution on page 169

Screen Stars

Z	N	W	K	B	O	J	Y	E	N	R	A	C	T	R	A	U	S	D	M
J	O	R	D	F	N	N	O	S	D	U	H	K	C	O	R	P	K	E	S
A	S	Q	E	D	E	G	N	A	L	A	C	I	S	S	E	J	A	M	H
N	B	E	B	L	B	D	T	N	N	Y	L	F	L	O	R	R	E	I	G
E	I	W	R	I	D	B	O	A	I	C	R	A	G	Y	D	N	A	M	A
F	G	W	A	Z	A	I	M	M	V	L	R	L	C	O	N	N	D	O	R
O	L	Y	W	A	N	N	M	R	N	A	V	A	R	L	H	F	P	O	Y
N	E	S	I	M	A	G	I	E	I	N	I	U	W	T	V	G	X	R	B
D	M	A	N	I	C	C	X	M	T	A	V	R	N	F	J	K	I	E	U
A	J	D	G	N	K	R	E	L	R	T	I	E	E	A	O	I	R	N	S
N	O	N	E	E	R	O	L	E	A	U	E	N	L	L	H	R	E	N	E
I	N	O	R	L	O	S	B	H	M	R	N	B	L	A	N	S	D	Y	Y
V	V	F	P	L	Y	B	A	T	Y	N	L	A	A	N	C	T	Y	R	L
R	O	R	C	I	D	Y	G	E	R	E	E	C	Y	A	L	I	R	B	L
A	I	E	X	G	J	Q	K	J	A	R	I	A	D	R	E	E	A	L	E
M	G	T	D	I	H	I	R	T	M	I	G	L	O	K	E	A	N	U	K
E	H	E	L	E	N	H	A	Y	E	S	H	L	O	I	S	L	O	Y	E
E	T	P	S	Z	G	O	L	D	I	E	H	A	W	N	E	L	N	H	N
L	D	O	N	A	M	E	C	H	E	V	Y	C	H	A	S	E	I	S	E
M	E	G	R	Y	A	N	G	R	A	C	E	K	E	L	L	Y	W	T	G

ALAN ARKIN
ANDY GARCIA
ART CARNEY
BETTE MIDLER
BING CROSBY
CHEVY CHASE
CLARK GABLE
DAN ACKROYD
DEBRA WINGER
DEMI MOORE
DON AMECHE
ERROL FLYNN
ETHEL MERMAN
GARY BUSEY
GENE KELLY
GOLDIE HAWN
GRACE KELLY
HELEN HAYES
JANE FONDA
JESSICA LANGE
JOAN CRAWFORD
JOHN CLEESE
JON VOIGHT
KIRSTIE ALLEY
LANA TURNER
LAUREN BACALL
LEE MARVIN
LIZA MINELLI
MARY MARTIN
MEG RYAN
MEL GIBSON
PETER FONDA
ROCK HUDSON
TOM MIX
VIVIEN LEIGH
WINONA RYDER
WOODY ALLEN
YUL BRYNNER

Solution on page 169

Actors

AL PACINO
ALAN ALDA
ALAN ARKIN
ALAN LADD
ANDY GARCIA
ART CARNEY
BING CROSBY
CARY GRANT
CHEVY CHASE
CHICO MARX
CLARK GABLE
DAN AYKROYD
DON AMECHE
ERROL FLYNN
GARY BUSEY
GARY COOPER
GENE AUTRY
GENE KELLY
HARPO MARX
HENRY FONDA
JAMES CAAN
JAMES DEAN
JOHN CANDY
JOHN CLEESE
JOHN CUSACK
JOHN WAYNE
JOHNNY DEPP
PETER FONDA
RED BUTTONS
RIP TORN
ROCK HUDSON
TOM MIX
WOODY ALLEN
YUL BRYNNER

D D A L N A L A E Y E N R A C T R A Z H
C H I C O M A R X S E H C E M A N O D Y
B J A M E S D E A N E Y E S U B Y R A G
J Y D N A C N H O J Y E A L P A C I N O
E N Y A W N H O J G K M L S E S O G Q A
T Q P E T E R F O N D A G C N R K V A R
Y O E E L B A G K R A L C O N Y K C V R
N U M R Z A A R F G Q R T I B H H Q O W
E X L M R K D C X F E T I S V E O C I A
L E T B I O M L T R U N O P V E K J D D
L A C G R X L Y A B A R E Y T H C L A N
A L A E N Y U F D N C M C K U O I X N O
Y A R N A W N E L G A H O D E Y R C A F
D N Y E A Y R N N Y A L S P Z L E N Y Y
O A G A C K V I E S N O A A R X L H K R
O R R U S N B R E R N N Q P H A V Y R N
W K A T E R E P O O C Y R A G R H F O E
N I N R M C O M A I C R A G Y D N A Y H
B N T Y A K C A S U C N H O J Q U E D I
U O Q F J V J O H N N Y D E P P X D O V

Solution on page 169

Western Movies

BEND OF THE RIVER
BIG COUNTRY
BLAZING SADDLES
DANCES WITH WOLVES
DEAD MAN
DESTRY RIDES AGAIN
EL DORADO
FORT APACHE
HIGH NOON
HIGH PLAINS DRIFTER
HUD
JOHNNY GUITAR
LAST OF THE MOHICANS
LITTLE BIG MAN
LONELY ARE THE BRAVE
MAN FROM LARAMIE
NAKED SPUR
OLD YELLER
OPEN RANGE
OUTLAW JOSEY WALES
RIO GRANDE
SHANE
THE GUNFIGHTER
THE MARK OF ZORRO
THE OX BOW INCIDENT
THE PROFESSIONALS
THE SEARCHERS
THE WILD BUNCH
WAY OUT WEST

Y V S J K S D M P K D E T Z R Z S T S S
R E R R O W E Y R U I R H S A J E H L E
T H E U L S S R H R S E E H T S L E O L
N C H P D N T E T N T T O C I L A M N D
U A C S Y A R T F R L H X N U A W A E D
O P R D E C Y F R M I G B U G N Y R L A
C A A E L I R I E A T I O B Y O E K Y S
G T E K L H I R V N T F W D N I S O A G
I R S A E O D D I F L N I L N S O F R N
B O E N R M E S R R E U N I H S J Z E I
E F H E E E S N E O B G C W O E W O T Z
G H T L D H A I H M I E I E J F A R H A
N I D D N T G A T L G H D H W O L R E L
A G E O A F A L F A M T E T Q R T O B B
R H A R R O I P O R A K N R C P U U R Q
N N D A G T N H D A N I T X R E O O A L
E O M D O S B G N M S H A N E H I I V M
P O A O I A C I E I O C U Z C T S K E X
O N N W R L N H B E W A Y O U T W E S T
S E V L O W H T I W S E C N A D S E Q L

Solution on page 169

Broadway Players

AL BERT FINNEY
ALEC GUINNESS
AMANDA PLUMMER
ANGELA LANSBURY
AUDREY HEPBURN
BARBARA BEL GEDDES
BEATRICE ARTHUR
BONNIE FRANKLIN
DONALD PLEASENCE
DUSTIN HOFFMAN
ELIZABETH TAYLOR
GERALDINE PAGE
HARRY BELAFONTE
INGRID BERGMAN
JACKIE GLEASON
JAMES EARL JONES
JASON ALEXANDER
KATHLEEN TURNER
LAURENCE OLIVIER
LINDA RONSTADT
MARY BETH HURT
MERCEDES RUEHL
MORGAN FREEMAN
STEVE LAWRENCE

D Q S Y Y R U B S N A L A L E G N A Z W
U J A M E S E A R L J O N E S J U N Q V
S V S U V P P L S T T S D G B O H R H D
T N D N T W E Z S D R E D E B V N U H G
I O R A L N C A E A U D O R E O I B E H
N S E M H A N L N T H D N A A F L P J H
H A N G E M E B N S H E A L T R K E A A
O E R R U E R E I N T G L D R E N H S R
F L U E R E W R U O E L D I I M A Y O R
F G T B S R A T G R B E P N C M R E N Y
M E N D E F L F C A Y B L E E U F R A B
A I E I D N E I E D R A E P A L E D L E
N K E R E A V N L N A R A A R P I U E L
P C L G C G E N A I M A S G T A N A X A
E A H N R R T E Y L R B E E H D N E A F
Q J T I E O S Y V G W R N T U N O E N O
U C A D M M S K T W H A C D R A B A D N
O T K G E G I K H Z X B E M B M T S E T
R O L Y A T H T E B A Z I L E A I W R E
L A U R E N C E O L I V I E R S H I E C

Solution on page 169

Playwrights

AGATHA CHRISTIE
ANTON CHEKOV
ARTHUR MILLER
AUGUST WILSON
BERTOLD BRECHT
CARSON MCCULLERS
CHRISTOPHER MARLOWE
DAVID MAMET
EDWARD ALBEE
GEORGE ABBOTT
GEORGE BERNARD SHAW
GORE VIDAL
HAROLD PINTER
HENRY JAMES
JAMES BALDWIN
JEAN GENET
LANGSTON HUGHES
MOSS HART
SAMUEL BECKETT
SOMERSET MAUGHAM
TENNESSEE WILLIAMS
TERRENCE MCNALLY
THORNTON WILDER
VOLTAIRE
WB YEATS
WILLIAM SHAKESPEARE

S E Y T R E T N I P D L O R A H B V R Z
E H W D H O E G V S J E T S R E I T F S
R S S O R O I J W O R E E N R K E L F X
A M E N L D R N A I K M A T Q R B X N W
E A H O C R A N A M A E O N R S W P A S
P I G S S V A T T J E L H E G M G H H R
S L U L H A L M Y O D S N C A E S F R E
E L H I E O M R R B N C B H N D N E Z L
K I N W V E N U R E E W G A R O L E T L
A W O T G E B E E M H U I A L L T E T U
H E T S H O C L C L A P N L I D M N T C
S E S U S H R N A M B R O M D A W R A C
M S G G T T A E T D E E R T M E A I E M
A S N U M L A E V B R U C D S H R Q N N
I E A A L A S E E I H A I K S I T D X O
L N L Y X R M G Y T D V W S E T R I K S
L N G B E X R V R B A A O D Z T T H V R
I E P M Z O S A T D W M L C E A T E C A
W T O B E E I T S I R H C A H T A G A C
V S F G T T O B B A E G R O E G Q R L W

Solution on page 170

On the Silver Screen

O E S E L B I D E R C N I E H T A R Z H
L I H D A S O A B D L R O W T S O L K T
D R O I F C M F O R R E S T G U M P H O
Y R O R R H E S T I Y A E H P G I E E H
E A T B I I N H T O E L S O N A G C H T
L C I S C N G E O B V U O M Y R A K O I
L S S S A D N N N R R C O E E L D K U E
E R T E N L I A R A A A L A D A G Q S K
R E H C Q E D N O V H R T L A N N P E I
O H E N U R N D E O C D O O M D I O O L
M C W I E S I O B A I D O N D E T L F E
A R I R E L F A O C N K F E O X S A W M
N A L P N I G H T A T T H E O P E R A O
H E D L N S I A C M A D M A X R H E X S
O S B Z N T T I T S I C R O X E T X E Y
L E U N O O N H G I H O H C Y S P P N G
I H N A R E T H E G O L D R U S H R A T
D T C C S L A N O I S S E F O R P E H T
A C H R I S T M A S S T O R Y L Y S S L
Y Y A D I R F L R I G S I H U D W S I F

A CHRISTMAS STORY
AFRICAN QUEEN
ARSENIC AND OLD LACE
CARRIE
DRACULA
EXORCIST
FINDING NEMO
FOOTLOOSE
FORREST GUMP
HARVEY
HIGH NOON
HIS GIRL FRIDAY
HOME ALONE
HOUSE OF WAX
HUD
LOST WORLD
MAD MAX
NIGHT AT THE OPERA
OLD YELLER
POLAR EXPRESS
PRINCESS BRIDE
PSYCHO
RIO BRAVO
ROMAN HOLIDAY
SCHINDLERS LIST
SHANE
SHENANDOAH
SHOOTIST
SOME LIKE IT HOT
SUGARLAND EXPRESS
THE GOLD RUSH
THE GREAT DICTATOR
THE INCREDIBLES
THE PROFESSIONALS
THE SEARCHERS
THE STING
THE WILD BUNCH
TO BE OR NOT TO BE

Solution on page 170

Actresses

AMY IRVING
ANNE BANCROFT
ANNE BAXTER
BETTE DAVIS
BETTE MIDLER
BETTY GRABLE
CHER
CLARA BOW
DEBRA WINGER
DIANE KEATON
ELLEN BURSTYN
ETHEL MERMAN
FAYE DUNAWAY
GEENA DAVIS
GLENN CLOSE
JESSICA LANGE
JOAN CRAWFORD
JODIE FOSTER
JUDY GARLAND
JULIE ANDREWS
KIRSTIE ALLEY
LAUREN BACALL
LIZA MINELLI
MAE WEST
MEG RYAN
MERYL STREEP
RAQUEL WELCH

W I R E F D N A L R A G Y D U J O I J F
W L L M O Q N P M E R Y L S T R E E P Q
F L K E C A P S Y S S I S M E G R Y A N
Z E H R W X F R E G N I W A R B E D W E
P N H Q Z K Q T F O R C N A B E N N A J
E I I T E H G I E L N E I V I V P L E D
L M R E D Y R A N O N I W H H X Z S S R
L A H J O D I E F O S T E R Q S S D W O
A Z H A N N E B A X T E R U J I N I E F
C I K I R S T I E A L L E Y C Y A A R W
A L S O P H I A L O R E N A B A M N D A
B G E E N A D A V I S F L T E W R E N R
N G L E N N C L O S E A C S T A E K A C
E G N I V R I Y M A N H N E T N M E E N
R W O B A R A L C G E M S W E U L A I A
U L B W N X P K E R I D B E D D E T L O
A R E L D I M E T T E B V A A E H O U J
L E L B A R G Y T T E B R M V Y T N J F
B D N Y T S R U B N E L L E I A E N Q B
H H C L E W L E U Q A R E S S F P E L C

SISSY SPACEK
SOPHIA LOREN
VIVIEN LEIGH
WINONA RYDER

Solution on page 170

Music in the Movies

D K N K S R E G D O R D R A H C I R K P
B R T W J E R R Y G O L D S M I T H G B
W L A J P G N O L E B E W E R E H W P U
H U L W G O N N A F L Y N O W T E G L O
I C A T O N I G H T B E M N H Y S E T Y
T K N F Y H L I L S S A A E D G O O H E
E B S L G P N Z E O X M W O N N U R E B
C E I U E F E O O S R A L I A A N G M O
H A L Q A T G L T R Y E H R H M D E E T
R L V M B E T E E W M T D E A W O G F D
I A E V M O I H E D E B V S N E F E R A
S D S I O N D W E T E N T O S N M R O H
T Y T F E R E N I R G R S R Z Y U S M T
M S R R A R I R N E I J U E I D S H S I
A T I N E A O S F I V V O H M N I W H P
S S R S H V T C A B A R E T M A C I A I
B E N C A E S O M E W H E R E R J N F D
B B N F I G N O S Y E L L O R T E H T K
O U Y N N O T G N I L L E E K U D I W N
P M C H E E K T O C H E E K R D N C R X

ALAN SILVESTRI
AS TIME GOES BY
BERNARD HERRMAN
CABARET
CHEEK TO CHEEK
DUKE ELLINGTON
FAME
FOOTLOOSE
GEORGE GERSHWIN
GONNA FLY NOW
HANS ZIMMER
IT HAD TO BE YOU
JAMES NEWTON HOWARD
JERRY GOLDSMITH
LEONARD BERNSTEIN
LET THE RIVER RUN
LUCK BE A LADY
MAX STEINER
MY FAVORITE THINGS
RANDY NEWMAN
RICHARD RODGERS
SOMEWHERE
THE ROSE
THE SOUND OF MUSIC
THE TROLLEY SONG
THE WAY WE WERE
THEME FROM SHAFT
TONIGHT
UNCHAINED MELODY
UP WHERE WE BELONG
WHITE CHRISTMAS

Solution on page 170

On the Stage

A DOLLS HOUSE
A NUMBER
ANGELS IN AMERICA
ANTIGONE
ARCADIA
ASSASSINS
BETRAYAL
BURIED CHILD
BUS STOP
CHICAGO
DOCTOR FAUSTUS
FENCES
GLASS MENAGERIE
GUYS AND DOLLS
HURLYBURLY
INTO THE WOODS
LA TURISTA
LYSISTRATA
MEDEA
NO EXIT
OEDIPUS REX
OKLAHOMA
PETER PAN
PICNIC
SAVAGE LOVE
SOUTH PACIFIC
THE CRUCIBLE
THE ORESTEIA
THE PIANO LESSON
WAITING FOR GODOT

G	Q	H	F	K	W	T	G	S	H	U	D	K	A	T	B	B	O	L	A
H	U	X	Q	P	Y	A	H	U	D	I	U	Q	E	I	U	E	A	Y	D
G	R	Z	E	L	F	C	I	E	Y	O	T	Z	D	X	S	T	N	S	O
O	K	L	A	H	O	M	A	T	P	S	O	J	E	E	S	R	T	I	L
A	R	C	A	D	I	A	J	G	I	I	A	W	M	O	T	A	I	S	L
D	L	R	M	Y	P	T	J	P	E	N	A	N	E	N	O	Y	G	T	S
O	D	Q	J	M	U	C	J	F	Y	V	G	N	D	H	P	A	O	R	H
C	L	A	T	U	R	I	S	T	A	L	K	F	O	D	T	L	N	A	O
T	J	B	V	R	G	I	L	G	W	B	E	K	O	L	O	O	E	T	U
O	X	T	H	E	C	R	U	C	I	B	L	E	J	R	E	L	T	A	S
R	D	R	S	O	U	T	H	P	A	C	I	F	I	C	G	S	L	N	E
F	A	N	G	E	L	S	I	N	A	M	E	R	I	C	A	O	S	S	I
A	P	N	D	H	X	Z	O	E	D	I	P	U	S	R	E	X	D	O	I
U	X	B	U	R	I	E	D	C	H	I	L	D	Z	J	I	N	W	O	N
S	V	E	P	S	F	H	A	A	I	E	T	S	E	R	O	E	H	T	T
T	C	G	A	S	A	V	A	G	E	L	O	V	E	F	E	N	C	E	S
U	H	U	R	L	Y	B	U	R	L	Y	A	S	S	A	S	S	I	N	S
S	Y	N	W	Q	U	P	E	T	E	R	P	A	N	P	I	C	N	I	C
G	L	A	S	S	M	E	N	A	G	E	R	I	E	T	D	Q	F	T	H
O	G	A	C	I	H	C	V	R	N	R	E	B	M	U	N	A	H	Q	J

Solution on page 170

Titanic

C M B Q G T F C G P Y J S I X I I W C P
F M Z U X A D R A W I N G U S O F F X A
E T C B C O E S D B O V H O G K J K O Z
G R G Q B B S K J I C C U N Y N N A D E
A E Z W E E V O L N E D D I B R O F N S
R A A C N F S V E Z O N O N E I T M A U
E S I G G I Y T O R O S E Y R U X U L D
E U E P G L Y O P M R P P P E I A S G I
T R V E K L P Y A I C E A U H T P N N L
S E A T A U O I K N C C C Y S W L Y E W
G G A T L T D R O A I T S I I X L M O J
B U P E S G S S I D T J U O F T I M S Z
X I N V A E W H O A H E E R S F B A A Q
H C L O B A T D E I S R W P E D O R H G
E I G L D D R I Y A R T E I C V S R M T
N F Y K Y A A K H O R O U T N G T I Z S
O I C C N Z D R A W E T S A A S M A N E
T A T O T Q A E C M D V A H R W L G G K
J E E R F O W N O H Q V X U F T E E W L
D L A B T N E M E G A G N E A P N J T L

BEST PICTURE
BILL PAXTON
BILLY ZANE
BROCK LOVETT
DANNY NUCCI
DIAMOND
DRAWING
ENGAGEMENT
ENGLAND
FORBIDDEN LOVE
FRANCES FISHER
GLORIA STUART
HEART
ICEBERG
JACK DAWSON
KATE WINSLET
LEONARDO DICAPRIO
LIFEBOAT
LUXURY
MARRIAGE
OFFICER
OPULENCE
PASSENGERS
ROSE
SINK
SOS
STEERAGE
STEWARD
TREASURE
WATER
WHITE STAR

Solution on page 170

Shakespeare's Characters

T G A O L E R O Z S F M Q I M S J A G A
O N A I T A R G G D B E L A R I U S L T
I O U S T R A N I O I T N E C U L K I T
L M R O B E R T F A L C O N B R I D G E
O E I U L R L D O N A L B A I N U U A N
V L F T A B E F Z C A H P Y G N S C R E
L I P H L P S M L V H A E H R E C H I U
A H D W L B E E I A N L E R D A A E U Q
M P E E E I O N M T N N B I O R E S S A
H L M L B P I L H A R J N P R D S S U J
H A E L A A E I T Y J O Y O S N A O E K
E D T T L T N S T P M R M P R A R F G O
L Y R B O O N H H I A E I Y Y S N G E N
I A I H D H E I S M O T V S D S L L D A
C N U Q O S L U U Y C R E P S A M O H T
A N S J I A L S U I L E N R O C L S V N
N E R X R A R A S E A C S U I V A T C O
U I T I C F F U D C A M A R G A R E T M
S H O S N A H G U A V S A M O H T R I S
L L E O N T E S I H P A C F A B I A N E

BELARIUS
CAPHIS
CASSANDRA
CLEOPATRA
CORNELIUS
DEMETRIUS
DOLABELLA
DONALBAIN
DUCHESS OF GLOSTER
EGEUS
ESCALUS
FABIAN
GAOLER
GRATIANO
HAMLET
HELICANUS
HERO
JAQUENETTA
JULIUS CAESAR
KING HENRY THE SIXTH
LADY ANNE
LADY MORTIMER
LAVINIA
LEONTES
LIGARIUS
LUCENTIO
MACDUFF
MALVOLIO
MARGARET
MONTANO
OCTAVIUS CAESAR
PANTHINO
PHILARIO
PHILEMON
PYRAMUS
ROBERT FALCONBRIDGE
ROMEO
SIMONIDES
SIR JAMES BLOUNT
SIR JOHN STANLEY
SIR THOMAS VAUGHAN
SOUTHWELL
THOMAS PERCY
TRANIO

Solution on page 170

CHAPTER 2: **AROUND THE WORLD**

World Traveler

Y Y G N I P M A C O A C H O R P H R W N
A A A G F M U E G A G G U L O U M A O P
I P L W M Y W O E D I V R O T I S I V Y
R A I E N U S M O T S U C I F S T B R P
P S N V D U L D C P I Q C L X A O E H S
O S U I S K R A P L A N O I T A N O L T
R E S T A U R A N T S T G S T E T A I S
T N Y O L X A S Z O A S P S C O R C I I
R G R M S E M N N T I A S S G D K G S R
Y E A O M S T H I A E T V R E E H Y S U
T R R C S O E O I B L V A H T T I W A O
I F E O N U N L H G D P T N S X E F L T
R F N L A D I U T O H A D E R I Q B C L
U N I K E R X T M S C W E G V E G Z T V
C G T V C E X A C E A I A H Y N T D S F
E L I B O M O T U A N C G Y R C F N R S
S C T A R M A C I G S T M O J E K S I N
E Y F H B U B L T Q Y E S H I P V C F X
I H M A P S E D I L S N I A T N U O M L
O D F F D L E F Z X A P W S U N G Y T B

AIRPORT
AUTOMOBILE
BOAT
CAMPING
CASTLES
CATHEDRALS
COACH
CUSTOMS
DELAY
FIRST CLASS
FLOTATION DEVICE
HIGHWAY
HOTEL
INTERNATIONAL
ITINERARY
LOCOMOTIVE
LUGGAGE
MAPS
MEETINGS
MONUMENTS
MOUNTAINS
NATIONAL PARKS
OVERHEAD BIN
PASSENGER
PHOTOGRAPHS
PLANS
RESTAURANTS
RUNWAY
SCENERY
SECURITY
SHIP
SIGHTSEEING
SLIDES
STATION
SUITCASE
SUMMER
TARMAC
TAXI
TICKET
TOURIST
VIDEO
VIEWS
VISITOR

Solution on page 171

U.S. Capitals

T R E N T O N C H E Y E N N E U S G X B
E N L O C N I L D N O M H C I R A N B O
G K V B K P H O E N I X B Y D N T I M I
U S C H G I E L A R L Q M F E O L S O S
O A Q R Y T I C N O S R A C N S A N N E
R L J A A W U E K Y P N K G V I N A T C
N E E A N M Y Y T C N R A N E D T L G O
O M F A I N S T T A O O O S R A A R O N
T D F L U B A I I I L R T V H M K T M C
A R E U N G M P B C C L E S I V M N E O
B O R A I U U U O J E A A L E D I T R R
N F S P T P D S L L E K M H T L E L Y D
O T O T S K S L T O I W A O A T R N L L
S R N S U O H P M A C S Q L H S I A C E
K A C A A S E N I O M S E D T A S L H E
C H I S I L O P A N A I D N I L L E C C
A A T G V V J C O L U M B U S L A K E K
J K Y Z Z O D L E I F G N I R P S S O M
J E F A T N A S F R A N K F O R T A V X
N O T S O B U L U L O N O H Y N A B L A

ALBANY
ANNAPOLIS
ATLANTA
AUGUSTA
AUSTIN
BATON ROUGE
BISMARCK
BOISE
BOSTON
CARSON CITY
CHARLESTON
CHEYENNE
COLUMBIA
COLUMBUS
CONCORD
DENVER
DES MOINES
FRANKFORT
HARTFORD
HONOLULU
INDIANAPOLIS
JACKSON
JEFFERSON CITY
LANSING
LINCOLN
LITTLE ROCK
MADISON
MONTGOMERY
NASHVILLE
OKLAHOMA CITY
PHOENIX
PROVIDENCE
RALEIGH
RICHMOND
SALEM
SALT LAKE CITY
SANTA FE
SPRINGFIELD
ST PAUL
TALLAHASSEE
TRENTON

Solution on page 171

It's a Jungle Out There

H K U B G L P A J Q B I G C A T S M U H
W Y O F S R E V I R U M E L N O H T Y P
H P W E S M R O T S R E D N U H T I K K
C I P R R J E T P J G N G T H C Q G M P
T T L N O A Y T G A O O H K O E Z E O L
C T B S V T I Z S B R A R N T N S R N A
N Q P R S E C N B Y M D C F Q V P T K N
N O O H O X G I F E S R S E T I M R E T
S S Z Z O T G E R O E O I T M R S O Y S
O L O A O E A I T T R A C P A O L P S E
K F A Y M F C U E A S E E E D N A I E B
Q K R M B A R J Q R T N S F N M S C E N
X H U M I D U S A E E I O T O E H A R B
D S E K A N S D F T Z U O C C N A L T A
O F L T G C A R R A Q G X N A T N S A N
S Q B L J Q G A I E V W H J N O D L R Y
I D E N S E B Z C T M E N N A X B O Z A
E T A M I L C I A N V N I L A R U T A N
S E I C E P S L L A F N I A R H R H N Z
I N H U R F W T O U C A N O O S N O M U

AFRICA
AMAZON
ANACONDA
ANIMALS
ANTEATER
BANYAN
BIG CATS
BOA CONSTRICTOR
CLIMATE
CONCRETE JUNGLE
DENSE
ECOSYSTEM
ENVIRONMENT
EQUATOR
FERNS
FROGS
GIBBON
HOT
HUMID
IMPENETRABLE
LEMUR
LEOPARD
LIZARDS
MONKEY
MONSOON
NATURAL
NEW GUINEA
PLANTS
PYTHON
RAINFALL
RAINFOREST
RIVERS
SLASH AND BURN
SLOTH
SNAKES
SOUTH AMERICA
SPECIES
TARZAN
TERMITES
THUNDERSTORMS
TIGER
TOUCAN
TREES
TROPICAL
VEGETATION

Solution on page 171

Islands

Y T D P U E R T O R I C O A N T I G U A
A A T O A B U C N E C B K A G G G M U K
I S E C M H O A A E G A A A R R U H V G
S M R D Q I W E A L I R L R E U A A T N
L A E Q N I N S S D E A E N B O B I M O
E N V R A A T I O E P U A E O A E A N K
O I U T A E L K C A N D T K N R D V H G
F A O A R C B A G A A I I I R L F O M N
M T C D L A S O E Y N N P A A A A K S O
A R N B L A S A A Z A R D I L N A N A H
N N A I S W N W G W W E E K L I O S D A
A A V A J E D A A A L E L P R L C I A N
C N H Z D I L J C F D A N O U E I D P I
I T A F M M A L U L N A T I N B U H C L
A U I B I V I E E D A C M S I M L A P A
M C T K A J G R S H I D I S R A N I M T
A K I Y Y O I M A V C O A E A A W A C A
J E A C I S R O C L N Y B U R M U A K C
C T Z D N A L E C I T Q E Y G I O K H W
J J R S S A M A H A B Y F S H Q B A A T

ADMIRALTY
ALEUTIAN
ANTIGUA
ARUBA
ASCENSION
BAHAMAS
BALI
BARBADOS
BERMUDA
CANARY
CATALINA
CORSICA
CUBA
DOMINICAN REPUBLIC
EASTER
FALKLANDS
FIJI
GALAPAGOS
GREENLAND
GRENADA
GUADALCANAL
GUAM
HAITI
HAWAII
HONG KONG
ICELAND
ISLE OF MAN
JAMAICA
JAVA
KODIAK
MADAGASCAR
MAUI
MIDWAY
NANTUCKET
NEW ZEALAND
OAHU
OKINAWA
PHILLIPINES
PUERTO RICO
SAMOA
SEYCHELLES
TAIWAN
TASMANIA
TIERRA DEL FUEGO
VANCOUVER
VICTORIA

Solution on page 171

U.S. States

S I E N A N O T G N I H S A W A K E S C
T N D A T A I N A V L Y S N N E P O Y A
T D O U O N L E R A W A L E D D U I E L
E I A R K E O K O V B O O H A T L T S I
S A I H A W U R H R F H A N H L I E R F
U N N O D M I O A I I W I D I G O X E O
H A I D H E S Y D O A L A N M Q W A J R
C N G E T X I W I I O K O X O Q A S W N
A E R I R I A E I R O I A K S A L A E I
S W I S O C N N A T S A N O Z I R A N A
S H V L N O A C A I P P I S S I S S I M
A A T A Z N H A N I L O R A C H T U O S
M M S N X T M I N N E S O T A H P S M A
F P E D R N S D M A R Y L A N D V A I M
L S W O U U A K S A R B E N I T H S S O
O H N Y K C U T N E K K A N S A S N S H
R I A H P T C O N N E C T I C U T A O A
I R R T E N N E S S E E U T A H S K U L
D E C O L O R A D O A L A B A M A R R K
A A D A V E N M I C H I G A N F D A I O

ALABAMA
ALASKA
ARIZONA
ARKANSAS
CALIFORNIA
COLORADO
CONNECTICUT
DELAWARE
FLORIDA
HAWAII
IDAHO
ILLINOIS
INDIANA
IOWA
KANSAS
KENTUCKY
LOUISIANA
MARYLAND
MASSACHUSETTS
MICHIGAN
MINNESOTA
MISSISSIPPI
MISSOURI
NEBRASKA
NEVADA
NEW HAMPSHIRE
NEW JERSEY
NEW MEXICO
NEW YORK
NORTH CAROLINA
NORTH DAKOTA
OHIO
OKLAHOMA
PENNSYLVANIA
RHODE ISLAND
SOUTH CAROLINA
SOUTH DAKOTA
TENNESSEE
TEXAS
UTAH
WASHINGTON
WEST VIRGINIA

Solution on page 171

Rainforests

S E F I L D L I W T S O R E C O N I H R
N C X I E T A M I L C G F P P L A N T S
X O O H A R P Y E A G L E E X M R G W X
F S Z G O B A A N O G A R D O D O M O K
B Y I A U R F L N E V R E S E R T M R S
F S E P M C A E L T F C E O F O C T G I
I T G K A A H N Z I E B O E O O I A R L
B E N N N K B A G W P A E L U T R J E I
F M O C I O O I M U W R T D W A T N D S
M P R T M F M B O E T L E E E K S G N A
Y M U O A G A R Y D L A A T R C N C U B
C S T U L T S R E T I E N C A O O T I A
A N N C S R A Y E L Z V O S I C C A R R
M I I A O W E M X V W T E N O P A B R K
R R B N O D P P N I C O N R S F O S S A
A A Y S E E Z N A P M I H C S C B R G K
H M S R R P B P V E G E T A T I O N T A
P A R A U G A J W R G D E T C E T O R P
C T T T Q R A P E S I L M E C F N Y B O
P E A C O C K S E I C E P S J U N G L E

AMAZON
ANIMALS
ANTEATER
APES
BASILISK
BATS
BINTURONG
BIODIVERSITY
BOA CONSTRICTOR
CASSOWARY
CATERPILLAR
CHAMELEONS
CHIMPANZEES
CLIMATE
COBRA
COCKATOO
ECOSYSTEM
FOSSA
HARPY EAGLE
HOWLER MONKEY
JAGUAR
JUNGLE
KAKAPO
KOMODO DRAGON
LEAF CANOPY
OKAPIS
ORANGUTANS
PEACOCKS
PHARMACY
PLANTS
PROTECTED
RED EYED TREE FROG
RESERVE
RHINOCEROS
SOIL
SPECIES
TAMARINS
TEMPERATE
TOUCANS
TROPICAL
UNDERGROWTH
VEGETATION
VIPERS
WILDLIFE

Solution on page 171

Small Towns

A U D N O T N E B T R O F W A B A N R Y
L N U Y R E P P O Y Z E N E M R C E U A
L I R R E R E I A T N I O S U I E E T R
O O A O V E T T T I O N T T L S N R A W
R N N K O D E T E C T O E P A T E G C E
Y H G C N I R S N E G M C O T O S G E L
W R O I A V S F O S N O N I E L E N D L
I B U H H L B I K R I N I N P L Y I L I
L R E B U E U E A E H E R T L T K L P V
M O F K E B R L P V S M P I I E S W L N
I O F O D L G D A A A V V C E E U O A E
N K I S R A D M W R W S Y S O A T B T E
G I N C O I F D B T E A W A R R E N T R
T N G I F V S J I R B E U Q U B U D S G
O G H U T A W F O M C A L I E N T E B E
N S A S R T L O B R O N X V I L L E U S
Z C M K A A M D N A L R E B M U C S R I
B J J O H B D N W O T S I R R O M X G O
C A R R I N G T O N E L L I V N A D H B
X D R E D W O O D F A L L S Y A W N O C

BATAVIA
BAY CITY
BELVIDERE
BOISE
BOWLING GREEN
BRISTOL
BRONXVILLE
BROOKINGS
CALIENTE
CARRINGTON
CONWAY
CUMBERLAND
DANVILLE
DECATUR
DUBUQUE
DURANGO
EFFINGHAM
FORT BENTON
GREENVILLE
HANOVER
HARTFORD
HICKORY
KOSCIUSKO
MENOMONIE
MIDDLEBURY
MOORESVILLE
MORRISTOWN
PETALUMA
PETERSBURG
PITTSFIELD
PLATTSBURGH
PRINCETON
REDWOOD FALLS
ROLLA
SENECA
TAOS
TRAVERSE CITY
UNION
WAPAKONETA
WARREN
WASHINGTON
WEST POINT
WILMINGTON
WRAY

Solution on page 171

Airports

L L U G G A G E I E W Z D J S P F N U T
K A Y Y M N P N F L F V K M E U O H I U
A N Z H I N U N U H R G X A L I G X W V
I I X D G I Y K S P A N R G T H A R A S
R B N P N C E W E O D I O A T T T U L K
P A P N I O L A L H A K M Z U R E D K Y
L C K X K F E H A S R R N I H U R D W C
A T E R R F V Y G T O A E N S N A E A A
N I A A A E A T E F T P P E L W F R Y P
E S I Y P E T T N I C M H S E A R Y A S
S V R M M S O I O G E R A T T Y I D T I
R C L A R H R K Z G T E I A O C A A T F
O A I C E O S P E H E T R N H O T E E J
T P N H T P L O T X D G C D Z N K H N G
A T E I T G E L I D L N R S S C S R D Y
G A S N R X V I H N A O A A I O V E A F
I I H E O A A C W G T L F T S U B V N L
V N B G H S R E T N E C T S I R U O T A
A H O O S W T E J A M V X C E S K G S B
N N B C N I G P S C I N A H C E M Q I U

AIRCRAFT
AIRFARE
AIRLINES
AIRPLANES
ATTENDANTS
BOS
CABIN
CAPTAIN
CARRY ON
COFFEE SHOP
CONCOURSE
ELEVATORS
FUSELAGE
GATE
GIFT SHOP
HOTEL SHUTTLES
HOU
JET
KITTY HAWK
LANDING
LAX
LONG TERM PARKING
LUGGAGE
MAGAZINE STAND
MECHANICS
METAL DETECTOR
NAVIGATORS
NYC
OVERHEAD
PHL
POLICE
RADAR
RUDDER
RUNWAY
SHORT TERM PARKING
SKYCAPS
TAXI
TICKET
TOURIST CENTER
TRAVEL
VISITOR INFORMATION
WALKWAY
WHITE ZONE
X RAY MACHINE

Solution on page 171

Asian Nations

B N N B P T C M P S N A F H B A F D A R
N Q L U A R O C E H E A G C I S N X I A
C T K I N L L V Q R I C T S H A C A D M
V A W M D C I V O E A L E S L I M M O N
U A C O B D S K Y K U N I I I R N N B A
N Z V M L H H N A S O R A P U K C A M Y
A A B A Y T S Z U D M H B B P L I C A M
U I M E U Z A B N J T O K O J I A J C H
K C L O K K B I A I S Y A L A M N O A U
G W S O H I J N O R T H K O R E A E S T
F L Z S G H S A G T K S S B M M O S S I
N H T O M N Z T P G G F I R A L T A H N
N A Z Q U Z O G A A D L P N I H H T H D
N B H U T A N M N N N K I B G L R O T I
N A T S I N E M K R U T U U R A A A C A
C Z M I W N A T S I N A H G F A P N I C
N I D P A K I S T A N L A P E N C O K N
Y N D F H Z I E N I A R K U A W V Q R A
E E E V H S E D A L G N A B G N J U H E
U V G M M S G T E P A D M A N T E I V Q

AFGHANISTAN
BAHRAIN
BANGLADESH
BHUTAN
BURMA
CAMBODIA
CHINA
INDIA
INDONESIA
JAPAN
KAZAKHSTAN
LAOS
MALAYSIA
MALDIVES
MOLDOVA
MONGOLIA
MYANMAR
NEPAL
NORTH KOREA
PAKISTAN
PHILIPPINES
SINGAPORE
SOUTH KOREA
SRI LANKA
TAIWAN
TAJIKISTAN
THAILAND
TURKMENISTAN
UKRAINE
UZBEKISTAN
VIETNAM

Solution on page 172

The Land Down Under

A I N A M S A T G F W O M B A T K T Y B
B I C O M M O N W E A L T H T R E P E A
O U R U L U G R E E N I S L A N D N N G
R H U A U U O P E R A H O U S E A U D L
I T H E T T A Y E R S R O C K M R L Y O
G N T S I N J A M E S C O O K U W L S R
I E R L A E E B R I S B A N E R I A Y B
N N A A R W P P C R I C K E T R N B T L
E I T R T S S A R R U B A K O O K O R U
S T R O S O E U C A L Y P T U S T R E E
U N O C S U H S U B C A L A O K U P S M
O O P A E T O O S T O F L P K E E L E O
N C L N R H P E N A L C O L O N Y A D U
E K A B R W Z C J E L L Y F I S H I I N
G A T E O A U W W R Y B A L L A W N M T
I K Y R T L K A N G A R O O U U B C A A
D A P R R E V I R T N E W R E D G N N I
N D U A V S O U T H A U S T R A L I A N
I U S W I M M I N G G O L D C O A S T S
F N W X E N R U O B L E M O U T B A C K

ABORIGINES
AYERS ROCK
BLUE MOUNTAINS
BRISBANE
BROLGA
BUSH
CANBERRA
COMMONWEALTH
CONTINENT
CORAL SEA
CRICKET
DARWIN
DERWENT RIVER
EMU
EUCALYPTUS TREE
GOLD COAST
GREAT BARRIER REEF
GREEN ISLAND
GULF OF CARPENTARIA
INDIGENOUS
JAMES COOK
JELLYFISH
KAKADU
KANGAROO
KOALA
KOOKABURRA
MELBOURNE
NEW SOUTH WALES
OPERA HOUSE
OUTBACK
PENAL COLONY
PERTH
PLATYPUS
PORT ARTHUR
SOUTH AUSTRALIA
SWIMMING
SYDNEY
TANAMI DESERT
TASMANIA
TORRES STRAIT
ULURU
WALLABY
WOMBAT

Solution on page 172

U.S. Cities

E D E T R O I T E R M D N A L E V E L C
S N O T S O B L E I F A S Q C A H A M O
O A S L U T L V N R L I S O N I T S U A
J P M W C I N N E B U I L A T N A L T A
N F J O V E E S U O L U H O G A C I H C
A R A H D A N Q L O M C A M O H A L K O
S E S H P O U T P B A D N A L T R O P Z
P A L O O E S A U E I T A N N I C N I C
N H L L R N N S B P I T T S B U R G H X
B I I Q I A O A O C S I C N A R F N A S
S A U L I V I L E S H K O M W A H O L S
C E L D A N N E U T N T R A I C P O G A
H H N T I D K O R L N A S O A A S K O N
B I A G I U E O S E U H E E Y A M G S A
Q U R R A M W L M K I C B L N W E I A N
Q I F W L T O A P N C G D G R I E H L T
V C L F R O R R G H N A E P D O C N L O
E I D O A C T T E O I L J N E Z W P A N
M P F C A L O T L G E A A D K T V E D I
H S S S N N O T E S W S O S A P L E N O

ALBUQUERQUE
ATLANTA
AUSTIN
BALTIMORE
BOSTON
BUFFALO
CHARLOTTE
CHICAGO
CINCINNATI
CLEVELAND
COLUMBUS
DALLAS
DENVER
DETROIT
EL PASO
FORT WORTH
FRESNO
HONOLULU CDP
INDIANAPOLIS
JACKSONVILLE
LONG BEACH
LOS ANGELES
MIAMI
MILWAUKEE
MINNEAPOLIS
NASHVILLE
NEW ORLEANS
NEW YORK
OKLAHOMA
OMAHA
PHILADELPHIA
PITTSBURGH
PORTLAND
SACRAMENTO
SAN ANTONIO
SAN DIEGO
SAN FRANCISCO
SAN JOSE
ST LOUIS
TULSA
VIRGINIA BEACH
WASHINGTON

Solution on page 172

A Trip to South America

W	W	Q	U	I	T	O	I	Y	Y	Y	G	Y	W	D	H	W	O	C	A
U	J	Q	Q	V	N	A	L	I	L	O	S	O	V	E	U	N	C	I	K
R	C	H	I	L	E	V	A	N	D	E	S	Q	A	O	L	A	P	A	Z
E	F	W	E	X	N	N	C	A	R	A	C	A	S	W	N	N	N	K	W
E	D	Q	O	O	I	M	E	I	N	O	B	I	R	A	M	A	R	A	P
J	G	N	E	R	T	T	A	Z	C	A	A	J	C	Z	E	E	L	N	A
G	I	O	D	I	N	S	R	Z	U	R	I	O	O	C	A	C	N	I	R
C	U	I	I	E	O	O	U	E	A	E	N	U	O	T	T	O	V	T	A
M	X	C	V	N	C	C	Y	P	S	D	L	C	G	O	K	C	S	N	G
W	F	N	E	A	L	A	L	A	A	E	I	A	G	H	C	I	U	E	U
X	W	U	T	J	M	A	Y	R	L	F	D	E	R	A	C	T	C	G	A
D	B	S	N	E	V	A	O	E	I	C	O	A	M	L	N	N	R	R	Y
Q	O	A	O	D	C	G	L	C	N	R	I	I	M	R	J	A	E	A	P
Z	L	W	M	O	A	O	A	L	G	N	L	H	O	A	T	L	Y	R	U
H	I	Z	A	I	J	P	L	E	F	E	E	D	C	I	C	T	D	U	F
H	V	S	T	R	A	I	T	O	F	M	A	G	E	L	L	A	N	I	G
G	I	N	O	G	P	O	R	I	M	U	R	T	S	O	K	F	T	Y	E
S	A	S	G	N	W	E	C	O	C	B	L	R	O	D	A	V	L	A	S
S	E	A	O	N	S	E	R	E	F	L	I	Z	A	R	B	Q	B	C	E
P	I	V	B	T	R	Q	N	U	R	E	M	A	N	I	R	U	S	G	U

ANACONDA
ANDES
ARGENTINA
ASUNCION
ATACAMA DESERT
ATLANTIC OCEAN
BOGOTA
BOLIVIA
BRAZIL
BUENOS AIRES
CARACAS
CAYENNE
CHICLAYO
CHILE
COLOMBIA
CONTINENT
CUZCO
ECUADOR
FRENCH GUIANA
GEORGETOWN
GUYANA
INCA
LA PAZ
LIMA
LLAMA
MONTEVIDEO
NUEVO SOL
OSTRUM
PACIFIC OCEAN
PARAGUAY
PARAMARIBO
PERU
PESO
QUITO
RAINFOREST
RECIFE
RIO DE JANEIRO
SALVADOR
SANTIAGO
STRAIT OF MAGELLAN
SUCRE
SURINAME
VALPARAISO
VENEZUELA

Solution on page 172

African Nations

L W L K A C I R F A H T U O S W A A S A
T L S L E S O T H O I L A M S I L U U Y
G K W E C M S E N E G A L K N O Q S D B
W H A I U O A D A L R I Q A G S M G A I
T F Z D W Q N D L I E B Z N E I A H N L
G E I L S A I G A Y L N A W L E Q A A E
A F L I M R L B O G A A B I E R T N A A
B R A R E E S A M T A A M T D R H A I D
O O N O P I P E M A B S H O C A E I R N
N M D W K R V N Y M Z I C A S L G D E A
M O R O C C O O I C O O P A A E A N B G
A E N I U G F Z R P H E M I R O M U I U
A N A W S T O B I Y V E R E A N B R L U
A A I B M A Z A A E C E L Y R E I U V A
D Q Y W U M D U R I G O N L J I A B I D
N Z L W Q G X D G I B E A B E A T R S A
A F I V A V E K N X K I L S A S E R R H
W M A U R I T A N I A J M W T G B P E C
R O T U N I S I A E T S U A L T O G O A
I O Y V N O O R E M A C C A N T P Y G E

ALGERIA
ANGOLA
BOTSWANA
BURUNDI
CAMEROON
CAPE VERDE
CHAD
CONGO
EGYPT
ERITREA
ETHIOPIA
GABON
GHANA
GUINEA
IVORY COAST
KENYA
LESOTHO
LIBERIA
LIBYA
MADAGASCAR
MALAWI
MALI
MAURITANIA
MOROCCO
MOZAMBIQUE
NAMIBIA
NIGERIA
RWANDA
SENEGAL
SEYCHELLES
SIERRA LEONE
SOMALIA
SOUTH AFRICA
SUDAN
SWAZILAND
TANZANIA
THE GAMBIA
TOGO
TUNISIA
UGANDA
ZAMBIA
ZIMBABWE

Solution on page 172

European Vacation

M	U	S	E	U	M	G	F	S	N	L	V	M	E	O	Y	C	O	S	M
A	U	H	U	Z	P	E	P	B	U	F	O	G	E	R	M	A	N	Y	I
R	U	S	C	S	E	A	D	G	K	P	E	R	V	U	O	L	H	K	X
X	F	T	A	L	I	F	N	I	G	H	T	L	I	F	E	F	A	C	K
N	R	P	S	N	H	A	B	O	T	U	A	G	B	E	P	K	E	T	A
I	C	B	Q	E	Z	B	A	R	C	E	L	O	N	A	H	V	B	B	C
T	K	O	P	C	F	B	F	W	E	E	R	F	O	X	I	O	O	R	E
Y	H	M	Z	G	L	R	B	I	B	P	A	R	I	S	A	A	T	I	N
L	S	I	E	N	O	F	E	M	T	T	N	I	A	R	T	L	F	E	A
U	A	G	K	I	R	R	G	B	R	J	L	J	O	N	A	F	P	S	L
G	D	K	S	I	E	B	U	L	O	I	H	B	H	G	E	O	C	S	P
Q	N	E	H	K	N	O	Q	E	P	T	U	K	U	L	G	A	T	T	R
L	T	Z	C	S	C	G	I	D	S	A	K	T	T	R	N	E	N	S	I
Q	O	S	Y	N	E	C	D	O	S	E	R	O	E	D	K	A	C	I	A
U	E	N	G	L	A	N	D	N	A	O	W	E	I	C	S	J	G	R	J
T	H	V	D	S	A	R	I	A	P	E	C	N	I	S	L	M	O	U	O
B	C	Z	T	O	C	T	F	S	R	E	A	T	I	V	T	E	M	O	R
N	E	L	V	Z	N	F	I	X	I	V	Q	O	S	E	I	N	E	T	O
S	E	U	D	A	M	Z	A	V	I	U	R	X	D	Y	R	R	E	F	Q
S	B	V	B	F	X	E	R	A	W	C	C	P	O	S	I	N	D	P	I

AIRPLANE
ALPS
AUTOBAHN
BARCELONA
BEECH
BELGIUM
BOAT
CAFE
CASTLE
CROISSANT
CUISINE
EIFFEL TOWER
ENGLAND
EURO
FERRY
FLORENCE
FRANCE
GERMANY
GREECE
HIKING
HOTEL
ITALY
LONDON
LOUVRE
MEDITERRANEAN
MUSEUM
NIGHTLIFE
OKTOBERFEST
PARIS
PASSPORT
PORTUGAL
RIVIERA
ROME
SCANDINAVIA
SEINE
SKIING
SPAIN
TICKET
TOURIST
TRAIN
VISA
WIMBLEDON

Solution on page 172

National Capitals

N N W S E K J A D Z J O O I A N A R I T
I F B A M A N A M M A D R I D A T W H N
A R H L K O R T L G L P Y Z U S I R A P
M E A A G A M S T E R D A M A S C U S C
E E R I K K N I C O S I A L C A I R O D
Y T L N D Y O P E R A R U B M U J U B K
A O A A F W T Q S G T U U I A J E R I I
N W Q K S T B I K E T E N M N M U R K A
A N N N U U C B C T N D X E O S A C N J
V C O O A A R O S O Z X N R S K E L I J
A R Y T B I L E S W C O T E H Y S W S N
H A K D T S R A J N R I L S N W O B L I
P T M W V A I O L O I S X S E E J A E L
R L A O H R W L B U X J C E P P N G H B
X A P C E T W A W I M H U N M E A H N U
E R U S N E G A H N E P O C O F S D R D
F B T O X K A T M A N D U S N D J A U N
M I O M J D T L D L X M L R H B N D P B
U G L E D R B S J L R O C A P E T O W N
U H H U A J W W K N W I K W C A M I L Y

AMSTERDAM
ANKARA
BAGHDAD
BRUSSELS
BUCHAREST
BUDAPEST
BUENOS AIRES
BUJUMBURA
CAIRO
CAPE TOWN
COPENHAGEN
DAMASCUS
DUBLIN
FREETOWN
GABORONE
GEORGETOWN
GIBRALTAR
HAVANA
HELSINKI
ISLAMABAD
JAKARTA
JERUSALEM
KATMANDU
KUALA LUMPUR
LA PAZ
LIMA
LISBON
LONDON
MADRID
MANAMA
MAPUTO
MEXICO CITY
MOSCOW
NAIROBI
NASSAU
NIAMEY
NICOSIA
OSLO
OTTAWA
PARIS
PHNOM PENH
ROME
SAN JOSE
TIRANA

Solution on page 172

Wild World of Animals

Z G R I B T K U F U E N G N R P J Y E Y
L G M U A L L I G A T O R O G J P O Z Z
A W V B F L A M I N G O A O H X A P T L
Z C V B A L D S I U E O T C F T R K I Q
H C K P R A B B I T L P T C C E R W A O
M J L L C H I N C H I L L A R Q O A Q Y
G O H E G D E H N Y D F E R B E T H W K
Y H G I R A F F E H O E S V L O V W B Q
I F C Y P D G W V M C I N G G D F A I W
R P W I V M O U S E O R A I E E B Z E B
N B G Z R L L L B N R E K B P O R N O B
T H P D F T E M P I C E E E O U R B Z A
U Y V H U R S E O H H D L N L D C X I G
K J S R R R N O S V I E Q E E A Z R L L
V J E I A G A K A H P N L L T L R L O X
C D U T U M O L T H M O S A N E A B L P
N Q L I Z A R D A X U I K H A M S T E R
S C N G V N U N J O N L U W A A N S M Z
J L A E S M T A H F K X N X A C C V U T
I X P R F Y N W X P T P K C Q R L D R Z

ALLIGATOR
ANTELOPE
BABOON
BAT
BEAVER
BOBCAT
CAMEL
CHINCHILLA
CHIPMUNK
CROCODILE
DEER
DOLPHINS
EAGLE
ELEPHANT
FLAMINGO
FOX
GERBIL
GIRAFFE
GUINEA PIG
HAMSTER
HAWK
HEDGEHOG
KOALA
LEMUR
LION
LIZARD
LLAMA
MOUSE
OSTRICH
PARROT
PENGUIN
PORCUPINE
RABBIT
RACCOON
RATTLE SNAKE
SEAL
SKUNK
SQUIRREL
TIGER
VULTURE
WARTHOG
WHALE
WOLF
YAK
ZEBRA

Solution on page 173

Dogs and Cats

L P T N S H E E P D O G T E R R I E R L
A Y E A B R E N A R A M I E W O O V P E
B F S I L S I B E R I A N E I L L O C I
R G S N O G R E Y H O U N D Z N D G S N
A B A I O E S E N A V A J F Y O O M C A
D O B S D E N A D T A E R G B L A W O P
O R I S H O U D X K W D R E D I E E T S
R D R Y O T M N E O N E R E N B L L T R
R E I B U B A L H U L M N E K O G S I E
E R S A N M P C H I A R C E V X A H S K
T C H F D I W S E N E O P U G E E C H C
R O S W E O H W P T O Z A Z E R B O T O
I L E F H C T I R N P E R S I A N R E C
E L T C A T N I A U H A U H I H C G R G
V I T D O S E P E K I N G E S E L I R O
E E E R C V S A I N T B E R N A R D I D
R L R H E C W Y N D A L M A T I A N E L
K V E R T O N K I N E S E Y C I O Z R L
R R G E R M A N S H E P H E R D B A C U
J P O M E R A N I A N E S E N I L A B B

ABYSSINIAN
BALINESE
BASSET
BEAGLE
BLOODHOUND
BORDER COLLIE
BOXER
BULLDOG
CHIHUAHUA
CHOW CHOW
COCKER SPANIEL
COLLIE
DACHSHUND
DALMATIAN
DOBERMAN PINSCHER
GERMAN SHEPHERD
GOLDEN RETRIEVER
GREAT DANE
GREYHOUND
IRISH SETTER
JAVANESE
KELPIE
LABRADOR RETRIEVER
MAINE COON
MANX
PEKINGESE
PERSIAN
POMERANIAN
PUG
ROTTWEILER
SAINT BERNARD
SCOTTISH TERRIER
SHEEPDOG
SIBERIAN
TERRIER
TONKINESE
WEIMARANER
WELSH CORGI

Solution on page 173

Insects

L L E F X N K M F S U G R L Y C M U P T
O I S Z I K R X I D I H P A L O E R K E
C V U W T O B L E L T E E B F C A E S N
U E O H W E V N S B P F F Y T K L G G R
S E L W U E K H G E O G V W I R W G I O
T W O C R I S C O U E L E U U O O I W H
F L F F X I D I A R B B L R R A R H R J
G M I M B I T B T J S Y T W F C M C A S
S S O W D E G J P N W E D E E H J D E B
H T H Y R I U R B X A O F A K E O E Q U
H L T M A O G P A J Y M L L L C V Q B T
R A I W A S P O C S A L G L Y J I I V T
K T W A T E R B U G S D F N E O D R L E
E N Y L F E S U O H X H A D I Y A H C R
C V Q M L G U B L L I P O C A Y T N K F
K C I T S G N I K L A W K P I G A A T L
V H Q A T C O T I U Q S O M P C Q R N Y
A X E N S T I N K B U G C I X E T N P G
R L L Q Q D R A G O N F L Y F K R C F M
F F X Y L F E R I F G U B D E B V K D Q

ANT
APHID
BEDBUG
BEE
BEETLE
BOLL WEEVIL
BUTTERFLY
CHIGGER
CICADA
COCKROACH
CRICKET
DRAGONFLY
EARWIG
FIREFLY
FLEA
FRUIT FLY
GADFLY
GLOWWORM
GNAT
GRASSHOPPER
HORNET
HORSEFLY
HOUSEFLY
KATYDID
LADYBUG
LOCUST
LOUSE
MEALWORM
MOSQUITO
MOTH
PILL BUG
PRAYING MANTIS
SILVERFISH
STINKBUG
TERMITE
WALKING STICK
WASP
WATER BUG
WEEVIL
YELLOW JACKET

Solution on page 173

Something Fishy

E P V Y C P M I R H S H P Y C F F U Q R
Z X U V T A H G S E Y E L L A W H G S B
G O Y S T E R I N C R A P P I E S C S C
C Z D H S I F D R O W S R D S F I L Z T
O X G L G N D U E M T C E G J U F K U W
O C S Q U U P R A C N K S A N E R N L Q
L E T S H M O C Z Y T H N I B I A O N K
T A L O W I K R X B G S A A M A T A O L
G R O U P E R E E O Y I P L L Q S S I O
V C W Y R U Y P L G Z F B A I P V S N B
L E Q E J V S P G O N R A M H B Z X U S
Y E L L O W T A I L S A R K S L U L R T
J B R H L T A N G E L T R E D U L T G E
K A C E I I V S R E H I A O E H X P K R
D N A E K J G D B E H U C G E X I I T O
A E T L N C P E R N R G U A W R P V V V
R M F T M E I R U C B P D M A R L I N V
T O I S R G I P H L P U A N E G Q M S Z
E N S C R N L I E Y B V H S S A L M O N
R E H L G T N T C O R A L C P G R I J M

ANCHOVY
ANEMONE
ANGEL
BARRACUDA
BLUEGILL
BULLHEAD
CARP
CATFISH
CHUB
CORAL
CRAPPIE
DARTER
EEL
GOBY
GROUPER
GRUNION
GUITARFISH
GUPPY
HALIBUT
HERRING
LOBSTER
MACKEREL
MARLIN
OCTOPUS
ORANGE ROUGHY
OYSTER
PERCH
PICKEREL
PIKE
PIRANHA
PLANKTON
RED SNAPPER
SALMON
SEA BASS
SEA URCHIN
SEA WEED
SHRIMP
SOLE
STARFISH
STINGRAY
SUNFISH
SWORDFISH
TUNA
WALLEYE
YELLOWTAIL

Solution on page 173

Reptiles

W E S T E R N S K I N K T J L Q O S F K
D Q P L I Z A R D A K A H E B C T L D Z
A S V A I S C M L X L A A W O R O C A L
E Z P L I P N L B G C T E T O R B R E R
H Y T E C N I A R O H P T R I H R O H C
R V G D C G T E P E K O F D S T O C R N
E R S L A T E E R P N C A Q N Y W O E K
P G E T Y N A B D M I S E D A U N D G G
P E O T A A A C O T O N W G K M A I G R
O R S N O C L U L F U L G V E M N L O E
C P O I K O T L T E D R I T G Z O E L E
B L B M O H C S A S D O T A U S L O H N
E I O L U T H R R W C C O L T R E X Q T
T G X B H E R F E E K A A L E P T R O U
A U T B L N N O R V D C L I B W I L F R
Z A U L A K O K T J I I U E M D B H E T
L N R T E R R A P I N R L H S A L T W L
Z A T L L I B S K W A H Q S C R N O Z E
P B L R Z C G R O U N D S K I N K M C N
W P E K K G I L A M O N S T E R J O J T

ALLIGATOR
BOX TURTLE
BROWN ANOLE
CHUCKWALLA
COLD BLOOD
COPPERHEAD
COTTONMOUTH
CROCODILE
FLORIDA SOFTSHELL
GECKO
GILA MONSTER
GREEN ANOLE
GREEN TURTLE
GROUND SKINK
HAWKSBILL
IGUANA
LEATHERBACK
LIZARD
LOGGERHEAD
PAINTED TURTLE
RIVER COOTER
SCALES
SLIDER
SNAKE
SNAPPING TURTLE
SPECTACLED CAIMAN
TERRAPIN
TORTOISE
WESTERN SKINK
WHIPTAIL

Solution on page 173

Jurassic Animals

ANUROGNATHUS
ARCHAEOPTERYX
BARONYX
BRACHIOSAURUS
COELOPHYSIS
COELURUS
COMPSOGNATHUS
CRYPTOCLEIDUS
DEINOSUCHUS
DILOPHOSAURUS
DROMAEOSAURUS
DROMICEIOMIMUS
DWARFALLOSAUR
EUSTREPTOSPONDYLUS
HETERODONTOSAURUS
HYPSILOPHODON
IBEROMESORNIS
KOOLASUCHUS
LEPTOPTERYGIUS
LUFENGOSAURUS
MINMI
MONOCLONIUS
OPHTHALMOSAURUS
ORNITHOLESTES
PACHYCEPHALOSAURUS
PHYTOSAUR
POSTOSUCHUS
PTERODACTYLUS
RHAMPHORHYNCHUS
VELOCIRAPTOR

G	W	W	X	S	E	T	S	E	L	O	H	T	I	N	R	O	J	F	D
M	I	N	M	I	S	U	I	G	Y	R	E	T	P	O	T	P	E	L	R
D	H	E	T	E	R	O	D	O	N	T	O	S	A	U	R	U	S	T	O
J	L	D	R	O	M	I	C	E	I	O	M	I	M	U	S	Q	W	P	M
P	T	E	R	O	D	A	C	T	Y	L	U	S	S	T	S	B	H	H	A
K	D	W	A	R	F	A	L	L	O	S	A	U	R	I	U	T	V	Y	E
B	S	U	R	U	A	S	O	L	A	H	P	E	C	Y	H	C	A	P	O
R	S	U	H	C	U	S	O	T	S	O	P	F	S	A	C	R	R	S	S
A	V	E	L	O	C	I	R	A	P	T	O	R	L	Y	N	Y	C	I	A
C	B	S	U	H	T	A	N	G	O	S	P	M	O	C	Y	P	H	L	U
H	A	R	S	U	H	C	U	S	A	L	O	O	K	R	H	T	A	O	R
I	R	Y	E	O	J	Z	P	T	F	S	Y	P	K	U	R	O	E	P	U
O	O	A	N	U	R	O	G	N	A	T	H	U	S	A	O	C	O	H	S
S	N	D	E	I	N	O	S	U	C	H	U	S	C	E	H	L	P	O	U
A	Y	N	Q	D	K	P	R	U	A	S	O	T	Y	H	P	E	T	D	R
U	X	V	Y	P	S	U	I	N	O	L	C	O	N	O	M	I	E	O	U
R	I	L	S	I	S	Y	H	P	O	L	E	O	C	Y	A	D	R	N	L
U	U	L	U	F	E	N	G	O	S	A	U	R	U	S	H	U	Y	K	E
S	U	R	U	A	S	O	H	P	O	L	I	D	C	F	R	S	X	I	O
N	N	D	W	H	X	S	I	N	R	O	S	E	M	O	R	E	B	I	C

Solution on page 173

Horses

D D K L M I N I A T U R E H O R S E C B
O R G A T D E H A N O V E R I A N A O W
O O Z E H E S D A O F O N C W S A M N G
L J Q R O R R E P N R L A E E P P E N B
B F U R R B O R P I I D Z H L E E R E E
M N A E O E H B A F E E I B S R N I M L
R A R T U L G E L O S N P R H U A C A G
A I T L G D N L O S I B P E M V I A R I
W G E A H D I D O A A U I T O I S N A A
H E R C B A K D S P N R L O C A U P P N
C W H L R S C A A U G G A N A N L A O W
T R O Y E N A S B A R O M Y C P A I N A
U O R D D A R P A L O M I N O A D N Y R
D N S E C C E K E T L A H K A S N T P M
C Y E S X I P E R C H E R O N O A H I B
S Q N D Z R C I C E L A N D I C V O N L
V T M A F E T R A K E H N E R W L R T O
S C T L W M D Z D K N A I B A R A S O O
Y D S E U A N A G R O M E R I H S E D D
R Q L Y N O P E U G A E T O C N I H C J

AKHAL TEKE
ALTER REAL
AMERICAN PAINT HORSE
AMERICAN SADDLEBRED
ANDALUSIAN
APPALOOSA
ARABIAN
BELGIAN WARMBLOOD
BRETON
CHINCOTEAGUE PONY
CLYDESDALE
CONNEMARA PONY
DUTCH WARMBLOOD
FRIESIAN
HANOVERIAN
ICELANDIC
LIPPIZAN
MINIATURE HORSE
MORAB
MORGAN
NORWEGIAN FJORD
OLDENBURG
PALOMINO
PASO FINO
PERCHERON
PERUVIAN PASO
PINTO
QUARTER HORSE
RACKING HORSE
SADDLEBRED
SHIRE
THOROUGHBRED
TRAKEHNER
WELSH

Solution on page 173

Warm-Blooded Animals

R C Z F I H M C Q H G O A T K D A R E W
E W H D Y C L H G W A Z R P W U D W F H
S P D A T A N L M Z Z D D Z W C N Q L P
H R J E P T N A H P E L E S H K Z C O H
V J A Q H O Y H M N L A O E V B H I W W
Y K U C F W R H I R L R A N O I L J H G
W D T R C E Z P N P E K N W N L T V A N
H U A A V O U M O C P M I C H L E Y L M
T C M A C C O G O I G O H V L E S A E W
O E E Q R G O N O M S I P D W D O L P S
L B T O G D I U H R L E L O P P M C G H
S T P A I H V P G L I X O G T L R L K C
B T E R R E F A A A R L D S M A A E N Q
M A S E A I S T R E R E L R H T M M U L
Q B U E F O I E T K N D T A A Y D U K L
N N D D F G T A F N V I T T Z P M R S A
O Y T F E S E H O R S E U N O U O E N M
K V Z R M T H E D G E H O G R S A E U A
K L A A N X P F T H U L Z Z C L Y P L K
C T H A Z I T G C F J W N E T H Z Q E D

AARDVARK
ANTEATER
APE
BAT
BEAVER
CAMEL
CAT
CHEETAH
CHINCHILLA
COUGAR
DEER
DOGS
DOLPHIN
DUCK BILLED PLATYPUS
ELEPHANT
FERRET
GAZELLE
GIRAFFE
GOAT
GORILLA
GUINEA PIG
HAMSTER
HEDGEHOG
HIPPOPOTAMUS
HORSE
HYENA
LEMUR
LEOPARD
LION
LLAMA
MARMOSET
OTTER
PORCUPINE
PORPOISE
RACCOON
RAT
RHINOCEROS
SEAL
SKUNK
SLOTH
TIGER
WEASEL
WHALE
WOLF

Solution on page 173

Endangered Species

S A B O W H E A D W H A L E S S B S K M
N S D A M A G A Z E L L E S A Q S E Q A
E I C S G X B T M E Q S M I C L Y V S L
K A I A E O A L L A P U M N I C B L F O
C N S A L P D F U O N A O V R U S O L G
I E D R I I O D T E A A E L R G E W O G
H L S R A W F T L R W D T R L S X N R E
C E S N L E E O I I N H O E E S O A I R
E P C S A D B N R A W W A A E S F I D H
I H D H O T G E I N I N T L A S T P A E
R A O W E E U N D N I U A L E S F O P A
I N L P D E A G G O R A L C A S I I A D
A T I S A M T O N T M I C D I P W H N S
R S E Z S K W A L A R R N O B R S T T H
P A U A F L A E H O R A E O N M F E H R
L C T U S D S K G S P O O K E D U A E I
P H I L L I P P I N E E A G L E O D R K
M S Y E K N O M S I C S O B O R P R S E
C D E Y S E L A H W K C A B P M U H S S
E L O H D S W A C A M H T N I C A Y H F

AFRICAN WILD DOG
ASIAN ELEPHANTS
BLUE WHALES
BOWHEAD WHALES
BURROWING OWLS
CALIFORNIA CONDORS
CHEETAHS
DAMA GAZELLES
DHOLE
ELF OWLS
ETHIOPIAN WOLVES
FLORIDA PANTHERS
GORILLAS
HUMPBACK WHALES
HYACINTH MACAWS
KAKAPO
KERMODE BEARS
LOGGERHEAD SHRIKES
MANATEES
ORANGUTANS
PANDAS
PHILLIPPINE EAGLE
PRAIRIE CHICKENS
PROBOSCIS MONKEYS
QUOLLS
SAIMAA RINGED SEAL
SEA TURTLES
SPOTTED OWL
SWIFT FOXES
TAPIRS
TASMANIAN DEVILS

Solution on page 174

Pets

ANT FARM
AQUARIUM
BIRD
BOA CONSTRICTOR
CAT
CHAMELEON
CHINCHILLA
COCKATIEL
DOG
GECKO
GERBIL
GOLDFISH
GUINEA PIG
HAMSTER
HARE
HORSE
KITTEN
LIZARD
MOUSE
NEWT
PARROT
PEDIGREE
PONY
PUPPY
RABBIT
RAT
REPTILE
SNAKE
TORTOISE
TROPICAL FISH
TURTLE

R	N	I	C	H	A	M	E	L	E	O	N	A	N	T	F	A	R	M
Z	I	V	R	A	Q	D	C	F	M	H	U	V	R	Q	R	G	T	E
N	Y	G	V	I	T	R	X	A	I	T	R	E	I	H	A	U	K	Y
T	O	R	R	A	P	I	O	S	T	L	P	T	O	E	T	I	T	H
L	Y	Q	N	U	S	B	D	F	E	T	W	Y	E	S	K	N	N	D
X	I	P	C	G	O	D	G	I	I	F	U	B	E	R	W	E	I	R
E	K	Z	Z	B	V	A	T	L	T	F	W	O	R	O	C	A	X	Y
I	P	K	A	I	S	A	E	I	W	W	H	A	G	H	B	P	W	R
H	A	U	I	R	K	H	A	T	V	M	I	C	I	L	C	I	G	S
V	S	R	P	C	D	Q	R	G	Q	I	Q	O	D	C	I	G	M	O
T	E	Z	O	P	U	N	E	T	T	I	K	N	E	H	G	B	U	Q
V	O	C	P	A	Y	X	D	U	H	C	S	S	P	I	D	S	R	D
O	O	R	R	H	S	I	F	D	L	O	G	T	T	N	E	O	J	E
X	C	I	T	E	V	R	E	X	C	X	P	R	I	C	Y	N	O	P
S	U	K	K	O	I	X	L	W	K	B	N	I	B	H	O	K	C	E
M	M	A	V	M	I	T	U	R	T	L	E	C	B	I	X	T	X	X
X	N	D	S	R	J	S	H	D	D	L	K	T	A	L	Q	Y	W	A
S	L	S	H	R	E	T	E	U	G	G	Y	O	R	L	W	G	A	E
E	K	N	Q	I	M	V	K	E	L	J	H	R	G	A	H	A	R	E
S	L	Q	F	D	R	M	T	R	O	P	I	C	A	L	F	I	S	H

Solution on page 174

Bird Watching

X C H M G T M R M Z J Q N W C A S X R M
N J O G K O R I N A H L G T H L V P E T
L Y E R D H O W Z A L E B U Z Z A R D S
P B L M M V P S U P C L O X M R P M E L
E T O M Q O E I E Q D I A M T F U Y E S
N O I T A V R E S B O R L R I F E O F P
G R R J N S D A L L O K I E D R M C I A
U R O A P A R Q N A V D L B P O J A N R
I A R T K V G A D T G D A S C Q R N C R
N P W C R L T R L E G N O K M R F A H O
H H I L T A U V H U M M I N G B I R D W
K H O O F N R B I O C N N T B A Y Y U O
C B S V N I K D H Y G O L O H T I N R O
U R T E C D E R F B B I N S O G U K O D
D E R B U R Y A I U I T W I Y L I T D P
X X I I I A L R D L E A L Z B G A N N E
G D C R K C D U V E L R T P J K B Y O C
A U H D O I A G Y L O G E R C H B E C K
S S L N Y V M G O N P I B O B W H I T E
Q R E L B R A W K Q V M C E E T Z Z S R

AUDUBON
BINOCULARS
BOBWHITE
BUZZARD
CANARY
CARDINAL
CHICKADEE
COCKATOO
CONDOR
CORMORANT
DUCK
FALCON
FEEDER
FIELD GUIDE
FINCH
GOOSE
GULL
HUMMINGBIRD
LOON
LOVEBIRD
MALLARD
MIGRATION
MOCKINGBIRD
NIGHTINGALE
OBSERVATION
ORIOLE
ORNITHOLOGY
OSPREY
OSTRICH
PARROT
PARTRIDGE
PELICAN
PENGUIN
ROADRUNNER
SPARROW
SWALLOW
TURKEY
WARBLER
WOODPECKER

Solution on page 174

Extinct Animals

AMERICAN CHEETAH
AMERICAN LION
ANTILLEAN CAVE RAT
CAROLINA PARAKEET
COROZAL RAT
EELGRASS LIMPET
ESKIMO CURLEW
GIANT DEER MOUSE
GLYPTODON
GREAT AUK
GUAM FLYING FOX
GULL ISLAND VOLE
HEATH HEN
HELMETED MUSK OX
KIOEA
LAYSAN CRAKE
NEWFOUNDLAND WOLF
PALLID BEACH MOUSE
PASSENGER PIGEON
PENASCO CHIPMUNK
PUERTO RICAN SHREW
SMILODON FATALIS
TACOMA POCKET GOPHER
TECOPA PUPFISH
TEXAS GRAY WOLF
WAKE ISLAND RAIL
YUKON WILD ASS

F L O W Y A R G S A X E T K V E Q O I Z
X X W P U E R T O R I C A N S H R E W G
O O E T A R L A Z O R O C U S N S H T S
K F L O W D N A L D N U O F W E N A E E
S G R O K V A Q D M F M M W T T R T S L
U N U N E H H T A E H Y A E E E A E I O
M I C G P X U O O C U K P C V K M E L V
D Y O P M S J S A K E M O A G A E H A D
E L M H F B Z E O I I P C M L R R C T N
T F I C D R B N S L A N K P Y C I N A A
E M K T M D W L S P A U E W P N C A F L
M A S Y I I A S U E A W T U T A A C N S
L U E L L N A P L T N K G G O S N I O I
E G L D D R F L A V Q P O K D Y L R D L
H A A R G I I E A M P M P I O A I E O L
P S A L S T R Y B X L X H O N L O M L U
S I E H N G E S U O M R E E D T N A I G
L E C A R O L I N A P A R A K E E T M M
C A W P A S S E N G E R P I G E O N S F
P E N A S C O C H I P M U N K O B K M N

Solution on page 174

Snakes

B C O P P E R H E A D A V G F S R P B H
U L A O B R E B B U R U N X H U A U X Z
M M A K Z U A L C K O A D A M T T F E F
V I H C X A E D L O L Y R F Q Y T F K R
O S L D K A I H B S R P X J A B L A A E
X P Q K F S M F M F T A Q C O B E D N D
C Q Y N S T N O M A O C L A W A S D S N
Z D O T C N O A I R O K C A E R N E T I
O S G O H B A L K T W O T R K B A R A W
E W Y W J O B K T E N E A E A A K Y R E
B F D G O D N O E S R N C D N A E W A D
C T N N V K N R T M A O C D S M B V B I
B G H I W M E R O C B G K A P A Z I M S
J G R W O P I C O R S S K H I R B D A Y
O I R U I C C N A A J S X T H I D D M O
A G T V T A D G A R T E R A W L A S P W
P H Y O S A R O S Y B O A E N L S P N B
D M R I K I N G S N A K E D J A A K U K
F H N D I A M O N D B A C K R E C A R X
E V C C R E T S A M H S U B S D S K F P

ANACONDA
ASP
BARBA AMARILLA
BLACK SNAKE
BOA CONSTRICTOR
BOOMSLANG
BUSHMASTER
COBRA
COPPERHEAD
CORAL
COTTONMOUTH
DEATH ADDER
DIAMONDBACK
GARTER
KINGSNAKE
LEAFNOSE
MAMBA
MILK SNAKE
PUFF ADDER
PYTHON
RACER
RAT SNAKE
RATTLESNAKE
ROSY BOA
RUBBER BOA
SHARPTAIL
SIDEWINDER
VIPER
WATER MOCCASIN
WHIPSNAKE

Solution on page 174

Under the Sea

T C O C L A M S F E P M A S F U Q S L A
K V O C T O P U S I E U E I V Z C E S T
C O R A L A H W R A N L F J R A T A P N
K R I L L S E A O T T E R F V F T U O E
D R U A D U C A R R A B E E E S T R I E
H S I F E L T T U C H S N P N R K C L L
K C A B R E H T A E L G U H O E F H A A
C E C A V I A R N H E G T Y M B V I C B
A P H S S E A H O R S E J T L M I N S W
B H J E S D O P E P O C J O A U R A U H
P A L G A E L A H W M R E P S C D E T S
M L Y E K I L L E R W H A L E U P C I I
U O N I L R A M A N O F W A R C S A R F
H P A X K F S T U R G E O N L A E T T R
Z O O P L A N K T O N K R K I E G E E A
K D I N O F L A G E L L A T E S N C D T
A S M B N D T H S I F D R O W S O U B S
O Y S T E R S U L I T U A N I H P L O D
G D S E L O Y H N D M P M I R H S W Y S
F G K A L R G M F A V H W H U R Z U Z H

ALGAE
BACTERIA
BALEEN
BARRACUDA
CAVIAR
CEPHALOPODS
CETACEAN
CLAMS
COPEPODS
CORAL
CUTTLEFISH
DETRITUS
DINOFLAGELLATES
DOLPHIN
EEL
EGGS
HUMPBACK
KILLER WHALE
KRILL
LEATHERBACK
MAN OF WAR
MARLIN
MOLLUSK
NARWHAL
NAUTILUS
OCTOPUS
OYSTERS
PHYTOPLANKTON
PUFFER FISH
SALMON
SCALLOPS
SCAVENGER
SEA CUCUMBERS
SEA HORSE
SEA OTTER
SEA TURTLES
SEA URCHIN
SHRIMP
SPERM WHALE
SPONGES
STARFISH
STURGEON
SWORDFISH
TUNA
ZOOPLANKTON

Solution on page 174

A Day at the Zoo

D H E X H I B I T S R A E B R A L O P G
H E C W F V I O G E I D N A S E D I R N
E C E R O W L S S N O I S S E C N O C I
R N H R A K I T U I T A N N I C N I C T
P M D O A E F L X H S W A L L A B Y Z T
E G U A R E S K D C M C A N T E L O P E
T F R I N S B E L A N O I T A C U D E P
A S G I R G E A R M N K K E E O W G J W
R T E E Z A E S D G E I D I N R M I X E
I A A E K Z U R H N B N M R O T F R D J
U D F T B P L Q E I A I A A A S I A B H
M M Q R I E H Y A D T P G G L P K F L A
X I B A T B D G B N S Q K A E P O F I L
M S L H A M A L L E U P M K E R A E C C
N S R U M E L H I V A M E S U T I R L Z
G I F T S H O P J W A R Z C Q N W E K O
G O H T R A W K A M P H I B I A N S I S
A N I M A L S O L A F F U B R E T A W Z
T Q E C O L O G Y R O T A V R E S N O C
R U S E E R T I G E R S H T O L S O L H

ADMISSION
AMPHIBIANS
ANIMALS
ANTELOPE
AQUARIUM
CINCINNATI
CONCESSIONS
CONSERVATORY
DEER
ECOLOGY
EDUCATIONAL
ENDANGERED SPECIES
EXHIBITS
GIFT SHOP
GIRAFFE
GRIZZLY BEAR
HABITAT
HERPETARIUM
HORSES
KIOSK
LEMURS
LEOPARD
LLAMA
MAMMALS
MARSUPIALS
MENAGERIE
OWLS
PANDA BEAR
PETTING
POLAR BEARS
RESEARCH
RIDES
SAN DIEGO
SCIENTIFIC
SLOTHS
TIGERS
TREES
VENDING MACHINES
WALLABY
WARTHOG
WATER BUFFALO
WATERFALL
WILD ANIMAL PARK
WILDEBEEST

Solution on page 174

CHAPTER 4: **WORKPLACE WORD SEARCH**

Business as Usual

R M E Q U I T Y C N E R R U C I O X H O
D B G P S M T D U Y P X O E Z C S E S P
X A O R C I M A I A T N E M T S E V N I
X R A O I H U T Y S Q E H M D E M A N D
J T S F M D A A T T T V S O P R T G C E
E E U I I X B E N E W R O G S T O C K S
S R P T A L S E S O E G I K N S I D I E
O E P B E S M U L F F R R B P I F O A X
Q C L A A E P F U O R O T R U A N M N A
O E Y L G E H N T D W E O S C T O R W T
R I G A L S D S T R T D S C L R I I A F
C V N I A N O A E X U P O O T L T O Z E
A A X C T C O P R C R U R I U H A J N D
M B S N I T A I T T N E Z O H R I W Y E
E L E A P P Q I T T Z A V O P Z C D S R
Y E L N A J O H S C T B L E R E E E Q A
L A P I C N I R P I U D U A N W R B S L
M G X F W S C B O Y C D D J B U P T R R
A G X T Z J T N E M N R E V O G E T Y B
Z Y P C O B D I V I D E N D W X D Y U X

ACCOUNTS
AMORTIZATION
ASSETS
AUDIT
BALANCE SHEET
BARTER
BUY
CAPITAL
CASH FLOW
COST OF GOODS
CURRENCY
DEBT
DEDUCTION
DEMAND
DEPRECIATION
DISTRIBUTION
DIVIDEND
EARNINGS
EQUITY
EXEMPTION
FEDERAL
FINANCIAL
GOVERNMENT
INVESTMENT
MACRO
MANAGEMENT
MICRO
PAPERWORK
PAYABLE
PRINCIPAL
PRODUCTION
PROFIT
PROPERTY
RECEIVABLE
REFUND
RESOURCES
REVENUE
SELL
STOCKS
SUPPLY
TAXABLE
TAXES
TRADE
WALL STREET
WITHHOLD

Solution on page 175

Business Leaders

ADOLPHUS BUSCH
ALFRED P SLOAN
ANDREW CARNEGIE
ARISTOTLE ONASSIS
AVERY FISHER
BILL GATES
CHARLES WALGREEN
CLEMENT STUDEBAKER
CORNELIUS VANDERBILT
DAVID GEFFEN
FRANK WOOLWORTH
GEORGE WESTINGHOUSE
HARVEY FIRESTONE
HENRY FORD
HENRY HEINZ
J P MORGAN
JAMES C PENNEY
JAY GOULD
JEAN PAUL GETTY
JOHN D ROCKEFELLER
MARY KAY ASH
MEYER GUGGENHEIM
MEYER ROTHSCHILD
RAY KROC
WILLIAM COLGATE
WILLIAM WRIGLEY

T D R W A D O L P H U S B U S C H D R I
H L E E I A H S J A Y G O U L D N L E C
Y T I S K L V E E R A Y K R O C A I L Z
E N R B U A L E N T U E P F M H O H L H
N O A O R O B I R R A T V V Y M L C E A
N I N G W E H E A Y Y G S J O P S S F R
E H G I R L D G D M F H L M X S P H E V
P O S K Z O O N N U C I E L J G D T K E
C E U B L W M O A I T O S I I V E O C Y
S J F Q K E E P W V T S L H N B R R O F
E A H F Z N Q X J K S S T G E Z F R R I
M D R O F Y R N E H N U E N A R L E D R
A H S A Y A K Y R A M A I W E T A Y N E
J D A V I D G E F F E N R L E M E E H S
J E A N P A U L G E T T Y F E G E M O T
N E E R G L A W S E L R A H C N R L J O
T L E I G E N R A C W E R D N A R O C N
M I E H N E G G U G R E Y E M X H O E E
Q Q Y Y E L G I R W M A I L L I W E C G
S I S S A N O E L T O T S I R A X F N Q

Solution on page 175

Careers

P R P B E N Z C B Q I H D T H M R R Q R
H O O P C A P X I M T W L D S O E P E N
X T G N P M J N W A I T E R T K O Y U R
P C G A M K C I W M T S D C A S W R F O
N O I W R R G A N E H Q A B T A S E K H
A D P S I O D T G C A L B M L E H R R T
I Y T O H W F P U H P R A U N C E V E U
C O S E L O Q A K A R N E O T T M Z E A
I U I M G I E C P N P E D G N L V E N X
S M C W A D C M Z I T F H I A F E N I F
U P A N A I U E A C Z N A C J N I R G I
M E M M O I D J M K A P E D T H A J N R
A N R K F E T L N A E T Y Y E U Q M E E
A D A N R R G R G I N R E P F N B S R M
J Z H Q W E M R E R E I H S A C T P H A
T I P C E K L Q U S R E G N I S I I I N
B Q V O N L P C V S S T E A C H E R S B
C H E M I S T R N U R O L I A T D N J T
F U J R T M N U Q U X B G V A D I T O E
Y W W J M L V G X L V F M O B X Q C K R

ACTOR
AUTHOR
BAKER
BUTCHER
BUTLER
CAPTAIN
CASHIER
CHEF
CHEMIST
CLERK
DENTIST
DOCTOR
ENGINEER
FIREMAN
JUDGE
LAWYER
MAID
MANAGER
MECHANIC
MUSICIAN
NURSE
PAINTER
PHARMACIST
POLICEMAN
POSTMAN
SHOEMAKER
SINGER
SURGEON
TAILOR
TEACHER
WAITER
WAITRESS
WORKMAN

Solution on page 175

The Office

W U E Z R O D Y E X F A Z Z H B L O V R
J L A Y O F F E T A M B I Z T F O M E M
K C O L C E M I T R Y E C U B I C L E S
R R E L L U P E L P A T S R U L U D P E
W E S S E R U T C I P P Y P I R X O T C
I M P I D V E N D I N G M A C H I N E R
N G A O R E L P A T S G M Y R A L A S E
D R E N R E T U P M O C C D R D A Z E T
O O B B A T R O S S I C S A C V F T C A
W T U T K G S C S N E P L Y B M T E T R
S I S G B S E L O M R L K P O I T C U Y
M N I R H T U R D F O J A U M E N N O S
S A N E N N T P R C F G S M N G S E E C
C J E Y X C U A E O E E O R O S U R T A
I P S O E W I T S R P C E S P E P E I N
T C S L N S I U S A V T S M R J P F H N
I H E P E H N D D Z N I B A A S L N W E
L A L M W O Z Q O I P F S B Y K I O E R
O I E E B F F K W U X E Z O Y J E C T L
P R O M O T I O N D R A W E R S S R R F

BONUS
BUSINESS
CHAIR
COFFEE MAKER
COMMITTEE
COMPUTER
CONFERENCE
CUBICLES
DOUGHNUTS
DRAWERS
DRESS DOWN
ELECTRONIC MAIL
EMPLOYER
ERASER
FILING CABINET
GOSSIP
INTERNET
JANITOR
LAYOFF
MANAGER
MEMO
MOUSE PAD
PAGER
PARTY
PAYDAY
PENS
PICTURES
POLITICS
PROMOTION
RAISE
REPORTS
RULER
SALARY
SCANNER
SCISSOR
SECRETARY
STAPLE PULLER
STAPLER
SUPERVISOR
SUPPLIES
TIME CLOCK
VENDING MACHINE
WHITE COLLAR
WHITE OUT
WINDOWS

Solution on page 175

Firefighters

ALARM
AMBULANCE
AX
BELL
BURN
CHIEF
DALMATIAN
DEPARTMENT
EMBERS
EMERGENCY
EXTINGUISH
FIRST AID
FLAME
GEAR
HEAT
HELMET
HOSE
HYDRANT
LADDER
POLE
RADIO
RESCUE
SIREN
SMOKE
SPRAY
SPRINKLER
STATION
TRUCK
UNIFORM
WATER
WILDFIRE

A D M I W H E D I A T S R I F B T A K Q
O Y Z Y E Z F H F L A M E K X I F Z H O
F C B L A O E O Y X T P M F W Q D W E T
A J M X N W N M E D L A D D E R A F T S
O E Q M O K A U E X R C T L X T B E R S
T I R E Z C I C O R T A H O E Z L E O P
X E A X O L T H P C G I N R P M B O B R
W N V I B U A I Q A T E N T A M R C G A
J B D W O X M E U Q N N N G E O A L A Y
E A B G J L L F F O U R H C U Z E L M T
R R L T Q B A Q I Q E N B X Y I G E B R
W H I L N Y D T C S S O I M F U S B U U
E H I F K R A K C T A E H F R F W H L C
U F P V D T U U H O S E A A O A E P A K
X X M R S L E B W E K O M S X R L K N Z
A O O X A F I S P R I N K L E R M A C N
O R R D X A J W S Q V Z P O L E O I E X
L S H S O J F D P B H A F B S I R E N Q
T Y Z S P C Q A R J I D S F V T M G X Q
F E Y O H O H A T N E M T R A P E D J V

Solution on page 175

Doctors

Q	X	O	E	U	N	D	X	W	J	T	R	O	K	L	U	M	F	T	R
A	V	V	W	P	H	A	T	N	W	E	F	J	M	E	M	E	R	N	Z
W	I	U	O	O	M	E	Y	T	V	F	K	X	U	T	I	D	H	E	W
S	Y	A	A	E	G	E	O	E	I	N	C	G	Y	M	T	I	V	M	S
E	T	E	N	N	A	J	F	C	L	B	R	R	E	J	O	C	R	T	P
H	M	E	R	I	H	L	E	Y	D	E	M	E	R	G	U	I	E	A	D
M	E	E	T	N	O	I	T	P	I	R	C	S	E	R	P	N	T	E	I
P	Q	A	R	H	C	Z	T	A	Y	O	U	T	R	G	T	E	E	R	S
U	T	T	L	G	O	E	C	I	T	C	A	R	P	N	L	N	M	T	E
E	B	X	T	T	E	S	S	G	U	R	D	N	E	X	R	C	O	E	A
S	X	S	S	L	H	N	C	O	K	A	W	I	U	E	F	P	M	M	S
L	I	A	O	O	P	Y	C	O	A	F	T	A	T	R	K	Y	R	N	E
A	S	S	M	T	K	G	U	Y	P	A	H	N	F	U	S	L	E	S	G
C	P	S	O	I	R	K	I	V	P	E	I	G	K	N	S	E	H	H	N
I	B	A	E	N	N	A	P	P	O	I	N	T	M	E	N	T	T	D	I
D	P	T	I	N	G	A	P	R	E	P	H	Y	S	I	C	I	A	N	L
E	Y	P	S	N	L	A	T	T	A	I	I	L	L	N	E	S	S	B	A
M	U	I	O	G	Q	L	I	I	H	N	E	E	D	L	E	S	M	O	E
Y	C	E	O	X	Q	Y	E	D	O	L	A	T	I	P	S	O	H	D	H
K	K	H	E	M	Y	G	U	W	P	N	N	O	E	G	R	U	S	Y	S

APPOINTMENT
BODY
DIAGNOSIS
DISEASE
DRUGS
EMERGENCY
EXAMINATION
FEVER
HEALING
HEALTHY
HOSPITAL
ILLNESS
INTERN
MEDICAL
MEDICINE
NEEDLE
NURSE
OFFICE
PAIN
PATIENT
PHYSICIAN
PRACTICE
PRESCRIPTION
REMEDY
SICK
STETHOSCOPE
SURGEON
THERMOMETER
TREATMENT
WELLNESS

Solution on page 175

Engineers

AEROSPACE
ALGORITHM
BLUEPRINT
BUILD
CALCULATOR
CHEMICAL
CIRCUITS
CIVIL
COMPONENT
COMPUTER
DESIGN
DEVICE
ELECTRICAL
ELECTRONIC
EQUATION
FILTER
FORMULAS
FREQUENCY
INDUSTRIAL
INSTRUMENT
MEASUREMENT
MECHANICAL
NUCLEAR
PLAN
SCHEMATICS
SIGNAL
SLIDE RULE
SOFTWARE
SPECTRUM
WAVE
WIRE

A E R O S P A C E R A E L C U N C B Z E
Y A C L A C I M E H C C C L O O Y E T F
T S M H T I R O G L A T A G M F E V F C
C I R C U I T S P R Y N N P B R L A F W
M U R T C E P S I U G L O I A U O W I P
S A L U M R O F Q I J N K W R S I R B Z
S D E S I G N L S O E T T K L P E L Z P
A C V L G P M W R N N F J C A C E P D L
N X H G A D R E T E O C R I C U I U Z A
L O M E E I T O M S F M E C I C J V L N
T R I V M U R E T H W W T E R T N U I B
W V I T P A R T Y A Y H L D T C D X B L
E C Q M A U T F S C L A I Q C F X M H M
E X O O S U A I F U N U F J E K T O J K
Z C E A K O Q X C W D E C J L Q Y F G Z
E S E B D S Y E O S O N U L E Z C N D A
T M T N E M U R T S N I I Q A O C R I C
E L E C T R O N I C X J R A E C Z Z P L
F L T E C M E C H A N I C A L R O K M G
P T B S L I D E R U L E D C Q G F H V A

Solution on page 175

Software Development

A P K C X I H P L E D K A E S A B D D D
L R R V E C I D I R Q C O N S T A N T B
R I R O W Q S R A A I D E M I T L U M U
E N N M C N D O W H I L E L A Y T E G P
G T O M E E B N U K G M O P E R A T O R
E E I H E Y D W O R D P R O C E S S O R
T R T Z E T W U A B C O T I V W D J L X
N F C K F C S P R S C E L A I C O R K T
I L N O J Z H Y I E N R C O M M E N T I
T G U I M I Z P S R S K E O E P L I N T
M Q F A C P A S E G H A R D D R I V E E
W J I S C S I T G Q N Q B Q A E D E N R
I A E I C N N L K T L I O A G E H L O A
C V S A G I Z X E J O I T R T S H N P T
O A L Z X M H T I R O G L A D A M A M I
B M E M O R Y O S J P X J A R F D R O O
O T N O B J E C T O R I E N T E D T C N
L W U Y Z Z L A N I M R E T E K P R A Y
R N E T V B S C R I P T M O N I T O R N
P T N I G N I R T S S A L C B S L F M I

ALGORITHM
BASIC
CLASS
COBOL
COMMENT
COMPILER
COMPONENT
CONSTANT
DATA PROCESSING
DATABASE
DBASE
DELPHI
DO WHILE
ELSE IF
FORTRAN
FUNCTION
GRAPHICS
GUI
HARD DRIVE
HEADER
IF THEN
INTEGER
INTERNET
ITERATION
JAVA
KEYBOARD
LOOP
MEMORY
MONITOR
MULTIMEDIA
OBJECT ORIENTED
OPERATING SYSTEM
OPERATOR
PASCAL
PERL
PRINTER
PROCEDURE
SOURCE CODE
SPREADSHEET
STRING
TERMINAL
VBSCRIPT
WORD PROCESSOR

Solution on page 175

Corporations

R U Q C H E V R O N T E X A C O G W E P
W M S X D O W C H E M I C A L S E U F E
B A B B L I O N O H T A R A M J N O I P
K J L I C L I B O M N O X X E E E K L S
U D N T N C R O T O M D R O F Y R U T I
R V L D D O O E L E T N I M G F A M E C
V X U O A I R M T S P U H O T A L R M O
U E M Y C Y S T M A L T U C N N E A F J
E L R D M K T N H U T Y P A I N L F R U
D D E I K M H I E R N S R I R I E E A C
Y L X N Z F Z E M Y O I L V P E C T L I
L S P V J O B U E E T P C L S M T A O T
G N I E O B N S X D W F G A A A R T R I
L A I T N E D U R P M A O R T E I S O G
T R A M L A W X K U P A R S U I C S T R
X E R F U R E Z I F P V R N O M O V O O
Y E L N A T S N A G R O M T E R M N M U
Z G E N E R A L M O T O R S I R C A S P
F G H C N Y L L L I R R E M L N L I N S
N L S P I L L I H P O C O N O C L V M I

ALLSTATE
BOEING
CHEVRONTEXACO
CITIGROUP
CONOCOPHILLIPS
DELL
DOW CHEMICAL
EXXON MOBIL
FANNIE MAE
FORD MOTOR
GENERAL ELECTRIC
GENERAL MOTORS
IBM
INTEL
LOCKHEED MARTIN
MARATHON OIL
MERRILL LYNCH
METLIFE
MICROSOFT
MORGAN STANLEY
MOTOROLA
NORTHROP GRUMMAN
PEPSICO
PFIZER
PRUDENTIAL
SBC COMMUNICATIONS
SPRINT
STATE FARM
TIME WARNER
UPS
VERIZON
VIACOM
WALMART
WALT DISNEY

Solution on page 176

Waiters

W T S O W P L A T E K A G L S X I O E D
P R T K G F E C P S P H T G T T K E Q Z
N V Q R Q I V Q F P A P Y C G B S R B B
Y Z X L S R E P E B G E K N I Y S U A G
H C Z L E Z S T I B E K F S V A E N R A
A E U G J F I H U R T V T I N M T E C J
D K S P C Z P I T E R R E B N S S M D V
W P P I E P P F W A O E V R E K O K A P
S L E R L B E C F K N Q D R A S H H L K
T Q I G M V I Z O F A E V R U G V O A C
G N I G Z S E E O A M E U Z O M E M S E
L P A E L E K R D S R C E R E N N I D H
S K Q R T J Q N W T F C E H F E E F N C
M K Q Y U S U P I A F Q F C R V L O Y K
R R S J L A Q W U R R U F N V E O B R R
S M Q R W E T Q X O D E O U Y P T O A B
D A S V O S G S P C S U C L S G F A L T
V I D G B O F N E K T R A Y U Z S J W S
F R G V A B K N B R I I T F S T U G D U
A M T C G N S V D K Q W P E H U B K Z U

APPETIZER
BAR
BEVERAGE
BISTRO
BOWL
BREAKFAST
BUS
CHECK
COFFEE
CUP
DINNER
DRINKS
FOOD
FORK
HOSTESS
KNIFE
LUNCH
MENU
ORDER
PLATE
RESTAURANT
SALAD
SERVER
SILVERWARE
SOUP
SPOON
TABLE
TIP
TRAY
WATER

Solution on page 176

Taxes

J I Y F E S C M W P Y E N I L D A E D T
R A B L T H J I A R I L L A U N N A A L
N N B A E W T E D O S E R I N C O M E T
F A T C W H X C R E D I T E B F A V R M
T U K A H P P K Y E T A T S T K D O W K
S M T O E M U T G K S H E I B R P K Z U
U Q L N C T N E D N E P E D R E A P Q G
X D S K A S N R J N O O S Y R S S U E O
C E V V P N T X W E X T E N S I O N Q V
J P F S I E O N Q D E D U C T I O N O E
K Q E A T Y X I I N H E R I T A N C E R
X K D V A F T E T R W R K X M R P M I N
W R E X L E I R M A E C Q Z K E A R D M
S Z R E G H L L E P C V X O R F P O E E
E G A W A S V B I P T I E Q W U E F K N
Y J L W I B E A A N O I L N A N R X M T
D I G Z N A U L P X G R O B U D W Q P M
N R T A S D I F A F A U P N U E O A H L
E T J H I K V Q X S Y T G K Z P R E J B
P O S T T H E P R O F I T U K E K F R U

ANNUAL
AUDIT
CAPITAL GAINS
CHECK
CREDIT
DEADLINE
DEDUCTION
DEPENDENT
EXEMPTION
EXPENSE
EXTENSION
FEDERAL
FILING
FORM
GOVERNMENT
INCOME
INHERITANCE
IRA
IRS
PAPERWORK
PROFIT
PROPERTY
PUBLICATION
QUARTERLY
REFUND
REPORT
REVENUE
SALES
STATE
STATUS
TABLE
TAXABLE
WITHHOLD

Solution on page 176

Business Plan

X U Z S L A I R E T A M W A R W G B S S
U C N I R U E N E R P E R T N E V G I N
X L L M G L V V R E V O M T S R I F S I
S V F M O O F E R P K B M A N G E L Y G
P A E A O A U N X Q O S I O K I R Y L R
A L S R D N A T L Y I H S P X N I O A A
E U A K W C U U O Y X J S E A V S D N M
P A E E I E W R E C P O I R F E K F A T
R T D T L P C E U Z R Q O A O S N U Q E
O I I I L Q M C N Y O N N T U T X H J K
F O K N P A P A E J F P S I N O F P E R
O N Z G R M M P V N I R T O D R Q M S A
R L E G V T P I E J T O A N E Q O N T M
M J A X G N P T R M N D T S R C S K R T
A I H M P L L A D O N U E I N S G A A E
D Q T T L D L L L X H C M I R U A N T G
S N O I T C E J O R P T E O I T A R E R
E V I T U C E X E N R U N F S L U L G A
S T A T E M E N T Q O S T E K P B Q Y T
B X W O R K I N G C A P I T A L M N K M

ANALYSIS
ANGEL
DIAGRAM
ENTREPRENEUR
EXECUTIVE
FIRST MOVER
FOUNDER
GOODWILL
IDEAS
INCOME
INVESTOR
LOAN
MARGIN
MARKETING
MISSION STATEMENT
OPERATIONS
PRO FORMA
PRODUCT
PROFIT
PROJECTIONS
RATIO
RAW MATERIALS
REVENUE
RISK
STATEMENT
STRATEGY
TARGET MARKET
VALUATION
VENTURE CAPITAL
WORKING CAPITAL

Solution on page 176

Police on the Beat

S X R H N K L B W H Y R E N T R A P M E
N A G X O T U H T M G B U N I F O R M T
D S Y L T R N P C W E C A E P R B V N N
Q U S T G A S U T U O E K A T S E E C A
O A T L E F J E S A G X H E F B M A S R
E R A Y L F M J B R S D G F T T P R D R
P R T A G I A H E A D Q U A R T E R S A
Y E I T B C O S R E C C D A A V E M C W
H S O E E M N M T E D K P I L C T U I A
O T N B I O I E C N C E N O I N N J S U
L Z E C S T C I A S D I V F A A E D N X
S A I I C T T H N A N E F Z J M M R E Q
T D R I I A O R D E R O L F C L E A R C
E P V V T P O L I C E C A R O O C G O C
R E E I O U T H Q L X B W Y P R R N F O
H A O S C C E A C S U S P E C T O E S C
L N I H R E H Y W S K M N C M A F T L Z
U Y D K A K C I T S T H G I N P N E O Y
E C A M N I T Y E K F D P R O T E C T M
I P R L B C I H B F B S N L W E X Y P A

ARREST
BEAT
BICYCLE OFFICER
BURGLARY
BUST
CAPTAIN
CHIEF
CITATION
COP
DEPARTMENT
DETECTIVE
DRAGNET
DUTY
ENFORCEMENT
FORENSICS
HANDCUFFS
HEADQUARTERS
HOLSTER
HOMICIDE
HORSEBACK
JAIL
LAW
MACE
MOTOR OFFICER
NARCOTICS
NIGHT STICK
ORDER
PARTNER
PATROLMAN
PEACE
POLICE CAR
PRISON
PROTECT
RADIO
REVOLVER
SAFETY
SERGEANT
STAKEOUT
STATION
SUSPECT
SWAT
TRAFFIC
UNIFORM
VICTIM
WARRANT

Solution on page 176

Lawyers

F F G Q W J Y R D I R S M L I V I C E Z
N P V R E N I A T E R E L A A D V I C E
P O G W E I W C T T F V V I C E T I C U
W M B R N G L K I I I B Z I T C V I B F
W K G D I I D U C W U Z W T D I U R Z E
A L I V E E S U C R Q Q E W N E G S A E
W C K N J G V L J L Q H C J H W N A E S
T B T J H H A A F Q D L I A J L C C T X
G D W I P W G T N E T U C E S O R P E E
P D B Y B J Z A Q C H R A E W S S R C E
E V Q K B K I J F B E C Z S O M E A A L
X X L A N I M I R C W G N C T C G B S I
A M A Z J M L Q J L P A Y E T M R E E F
U W R O B B D R T Y T M Z U B C A D E J
A B R X I P Y E N R O T T A O L H I U U
T W A D S N B T E Z T V L U D E C S S R
Y Z I P Y R X S K N K A N N O I T C A Y
V W G K I L A G E L I S N O M M U S B A
P K N E O S Q F D R E L O U M W D Y F Z
N F F P D Y I C T L V V T G B I P I O S

ACCUSE
ACQUIT
ACTION
ADVICE
ARRAIGN
ATTORNEY
BENCH
BRIEF
CASE
CHARGES
CITE
CIVIL
CLIENT
COUNSEL
CRIMINAL
EVIDENCE
FEES
FILE
GRIEVANCE
INDICT
JUDGE
JURY
LAW
LEGAL
LITIGATE
PROSECUTE
RETAINER
SIDEBAR
SUE
SUIT
SUMMON
SWEAR
TRIAL

Solution on page 176

It's My Job

W C O M P U T E R P R O G R A M M E R T
A P R A R P N A I C I T A M E H T A M S
I A E K O T U A N O R T S A U T H O R I
T R S R F A P V T S I G O L O I D U A R
R A E E E C O M E T E O R O L O G I S T
E M A T S C L D R L E C Q E T T B B S E
S E R S S O I Z I B E O O S G U O Y J M
S D C A I U C V O A S C I N S A L L I O
H I H C O N E C R N M M T D O A N L I T
I C E D N T O R D E E A R R N M I A S P
S Z R A A A F E E H S I R A I T I I M O
T O O O L N F T C H V R K C A C L S H D
O O L R A T I H O E C R E R H A I C T E
R L E B T S C G R D O A Y M N I A A P N
I O S U H I E I A W P S E R O O T K N T
A G N T L T R F T R K M U T C T D E E I
N I U L E R W E O B I O L O G I S T C S
C S O E T A N R R V J E D I U G R U O T
W T C R E N G I S E D N O I H S A F C R
P O S T M A N F T S I G O L O E G D U J

ACCOUNTANT
ARCHITECT
ARTIST
ASTRONAUT
AUDIOLOGIST
AUTHOR
BIOLOGIST
BROADCASTER
BUS DRIVER
BUTLER
CHEMIST
COACH
COMPUTER PROGRAMMER
COUNSELOR
CUSTOMER SERVICE REP
DENTIST
ECONOMIST
ELECTRICIAN
FASHION DESIGNER
FIREFIGHTER
GEOLOGIST
HISTORIAN
INTERIOR DECORATOR
JOURNALIST
JUDGE
MAID
MANAGER
MATHEMATICIAN
METEOROLOGIST
MILITARY
NETWORK ANALYST
OPTOMETRIST
PARAMEDIC
PILOT
POLICE OFFICER
POSTMAN
PROFESSIONAL ATHLETE
RESEARCHER
TEACHER
TOUR GUIDE
WAITRESS
ZOOLOGIST

Solution on page 176

Fruit

L M R Z R X A T N W M O M H O W M P M J
Y I H A E A U Y A O D K Q W Y V A E R P
I J B Q E N S T A E L X U B R A N A C W
T T Z Y O P E P W P U E L D R P G C F A
D L I C R R B N B S A U M S E Y O H P N
I A O U M R G O J E E P L X B R S N I Q
C C T E R U E W Y B R F P S N R T O N G
S Y L E C F O B E S B R I P A E A M E T
B O Y N A I E R E T E L Y G G B U M A O
N G R E N I R P W L N N A G O L Q I P C
T M R G T Y O P A Y K A B C L U M S P I
A K E N A U Y N F R J C R E K M U R L R
N B B A L A V A U G G Q U R R B K E E P
G A N R O H O N E Y D E W H U R E P G A
E N A O U C H E R R Y R A E W C Y R R E
R A R A P N E T A N A R G E M O P Z R R
I N C P E O L S T R A W B E R R Y M P Y
N A Y P N M D I A P L U M G R A P E Q W
E B Z L V E R X M T I S V N G F M D D T
M V T E X L S Z D E G C Y K N L R S B R

APPLE
APRICOT
BANANA
BLACKBERRY
BLUEBERRY
BOYSENBERRY
CANTALOUPE
CHERRY
COCONUT
CRANBERRY
CURRANT
DATE
FIG
GRAPE
GRAPEFRUIT
GUAVA
HONEYDEW
HUCKLEBERRY
KUMQUAT
LEMON
LIME
LOGANBERRY
MANGO
MELON
MULBERRY
ORANGE
PAPAYA
PEACH
PEAR
PERSIMMON
PINEAPPLE
PLUM
POMEGRANATE
RASPBERRY
STRAWBERRY
TANGERINE
WATERMELON

Solution on page 177

Vegetables

E S Z W M P W T L W J O H L L C S I P B
W R X P G O Z B N H N S Z E V P O I J U
C Z M M R R P U T T A O T H I W G E S R
A U K W E K E N R U O T I N R A D I S H
D C Z P E W L B Q Z U R A N I B P V W L
E C K W N W A S M C C C R A O E B F R E
Z H W Z P F R T E U H Q P A A E R E S N
S I J P E O T M E V C U O R C T O G C T
N N I J P X A U C R M U T U S O C U N I
A I C U P Y R P R P C I C I Z K C V T L
E H A K E C I E K N C R O Y A R O H S S
B D M R R N G I K H I Z E D R A L L X I
N F A K S G N A O F L P D S A E I S L M
E O O R P L L K Y C I O L A S C L P P Z
E O A L L E E S U G A R A P S A O E X K
R P A R U T A B A G A I C E D C W V C D
G N U B H U R R E W O L F I L U A C A B
T G S T U O R P S S L E S S U R B R U Y
E Z S O W F P E A S K E G A B B A C I O
B B B V O Z B E U Q C Y O T A T O P N N

ARTICHOKE
ASPARAGUS
AVOCADO
BEET
BROCCOLI
BRUSSELS SPROUTS
CABBAGE
CARROT
CAULIFLOWER
CELERY
CUCUMBER
EGGPLANT
GREEN BEANS
GREEN PEPPER
JICAMA
KALE
LENTILS
LETTUCE
OKRA
ONION
PARSNIP
PEAS
POTATO
PUMPKIN
RADISH
RUTABAGA
SPINACH
SQUASH
TURNIP
WATERCRESS
YAM
ZUCCHINI

Solution on page 177

Italian Foods

I	B	T	A	N	Q	O	F	D	P	P	O	L	E	N	T	A	E	K	P
Q	P	I	R	T	F	O	B	R	U	S	C	H	E	T	T	A	V	Z	R
E	M	O	S	E	T	O	R	A	C	T	A	T	S	A	P	V	F	E	O
B	L	E	L	C	C	O	E	U	Z	N	L	E	S	E	R	P	A	C	V
N	J	A	L	L	O	C	C	W	S	Z	T	E	N	A	P	L	V	L	O
Q	B	U	S	A	A	T	I	I	Y	H	I	H	Y	Q	V	X	T	D	L
K	C	T	G	A	N	V	T	A	R	P	E	P	L	Y	O	L	W	F	O
P	L	W	Q	N	G	Z	A	I	G	B	G	Y	T	C	Q	E	M	J	N
S	A	Z	Z	D	O	N	A	C	B	O	C	C	O	N	C	I	N	I	E
E	S	N	Y	D	A	C	A	N	O	P	A	N	Z	E	R	O	T	T	I
J	C	L	N	A	F	B	C	O	E	I	M	H	C	W	A	O	A	A	P
A	A	P	Q	E	C	T	L	H	R	L	C	U	B	T	Y	R	N	O	E
I	M	O	C	B	L	I	C	I	I	K	M	A	T	O	A	T	T	A	C
C	O	Y	E	H	V	L	S	F	B	P	G	O	C	N	I	A	L	G	O
C	R	V	F	E	L	O	E	H	I	J	B	D	C	P	L	I	A	A	R
A	Z	U	O	L	T	I	Z	T	S	M	I	I	A	E	C	L	C	V	I
C	A	I	Z	T	J	D	T	Q	A	A	N	S	G	I	A	N	N	W	N
O	L	V	O	W	L	U	K	I	Y	I	T	C	A	L	Z	O	N	I	O
F	D	O	L	C	I	T	C	E	T	I	S	P	A	G	H	E	T	T	I
D	T	C	V	F	E	C	Y	X	K	C	I	C	O	R	I	A	Z	W	W

ALICI
ANTIPASTI
ARANCINI
BISCOTTI
BOCCONCINI
BRUSCHETTA
CACIOCAVALLO
CALZONI
CAPRESE
CIAMBOTTA
CICORIA
CUMPITTU
DOLCI
FOCACCIA
GELATO
GNOCCHI
LASAGNA
MELANZANE
OLIVE OIL
PANE
PANNELLE
PANZEROTTI
PASTA
PECORINO
PIZZA
POLENTA
PROVOLONE
RICOTTA
RISOTTO
SCAMORZA
SPAGHETTI
TRECCIA

Solution on page 177

Pie in the Face

G C M A H K E P Z H H C O J T V H E T A
R Y H B X L X V P U M P K I N G K I J N
A E B E B L A C K B E R R Y U O P D T J
H B C M E L G E T A L O C O H C U E B P
A S E I P S D J N P P C D H X M L H A F
M L J L T R E U O V E N X S E E C L K E
C C G Y W T T A E M E C N I M R P F E R
R H F E L B A T E G E V A O B I R Z D Q
A B C K U T A L K M P M N N N N T Y E E
C M L T G U U D S T A R T E Z G Z G S T
K A T M O Z R N H T N E A B Y U V I S N
E E G B N C A S O H R P R C R E T U E D
R R O O F P S D R C P A C C R A R L R A
H C N U C W P R T L O S W F E C B A T T
J A W V I G B E E J X C Q B B C T U D I
A N Z Y N Q E H N T K Q B D E S I L H U
N A B Z Z W R P I Z T O H G U R H Q Y R
H N O J I V R E N J E U H C L W R T G F
M A R V M P Y H G V T F B L B U R Y T R
I B O B I N I S I A R O I S L N L R W K

BAKED
BANANA CREAM
BLACKBERRY
BLUEBERRY
BUTTERSCOTCH
CHEESE
CHERRY
CHOCOLATE
COCONUT
CRUST
CUSTARD
DESSERT
DOUGH
FRUIT
GRAHAM CRACKER
HOT
ICE CREAM
KEY LIME
LATTICE
LEMON
MERINGUE
MINCEMEAT
MUD
OVEN
PAN
PEANUT BUTTER
PECAN
PINEAPPLE
PIZZA
PUMPKIN
RAISIN
RASPBERRY
RHUBARB
SHEPHERDS
SHORTENING
STRAWBERRY
TART
VEGETABLE

Solution on page 177

Perfect Picnic

N I Z T S E F B P U W C J Y S X S N U B
D L P C M K W B M B L L O H M O T X F Q
Q M L X K G I Q P E P P E R F M G Z P U
O F P Z Z P A D Q S A L T T N L W S Y X
L C T W Q R P J S T T L B E L B A T U X
Q R N Y W Y U N H E D A B A R B E C U E
R A O L N K I T R T L B B G F F O H M K
L C H I C K E N I L P T V R P L G C G A
G J V M P Z H O L U E O H A A S E K O C
D A C A T C H I J K R O B S R P E O D U
B X N F C O S T S H N F B S K Z L X T P
C O G S C P L A Y G R O U N D I C O O S
L J G F O I B E E R E C L R V C H W H T
B G P N Z M N R N D G P U E U H E R C Q
E F S I D L R C A N R G S L M A E O I Q
T I C F C C X E I U U R B O Y R S O W D
L M F R X K R R H P B I A O P C E D D Y
Z A M K L B L F H T M L R C F O M T N T
P B U X I N T E K N A L B S S A A U A Z
V K M W Q L W H S R H Y I S N L G O S W

BARBECUE
BASKETBALL
BEER
BLANKET
BREAD
BUNS
CAKE
CATCH
CHARCOAL
CHEESE
CHICKEN
COKES
COLAS
COOLER
CORN
CUPS
EGGS
FAMILY
FOOTBALL
FRUIT
GAMES
GRASS
GRILL
HAMBURGER
HOTDOG
KIDS
NAPKINS
OLIVES
OUTDOOR
PARK
PEPPER
PICKLES
PICNIC
PLAYGROUND
RECREATION
SALT
SANDWICH
SHELTER
SOFTBALL
TABLE
THERMOS
WATERMELON

Solution on page 177

Side Salads

P O T A T O M A T O D P G I O F O E V E
M D T G R E B M U C U C L E T T U C E Y
S A A E F J I A D V G D R E S S I N G U
G C C G C C U Y J Q I G W F W G E F E C
N O O A E H S O R D P N G U V G S B T G
B V B B R R I N A A P P E T I Z E R A R
A A E B S O V N S L E N L G Q M E V B Z
N R C A N M N A E A K Q A E A R H Z L R
G A R C O A P I A S D I T Y Q R C V E O
N D W E T I A S C F E O I H C C I D A R
D I V A U N S E H E T C N W O N O G A T
L S K M O E T R R H B D H Q A N I B V N
M H J B R Z A O R C D D Z I I L D I W A
D Z T R C O L E S L A W G O C A D I H L
F W B O W L E P Q S B R N P L K F O Z I
F X I S T B I G R E E N S A M C E A R C
F L L I E N U S L T Y D S E V I D N E F
U F U A A E E C T U N A F I S H R I H L
N R N C D S S E R C R E T A W L R H R K
F Y H C N S O H Q W U U D E G J D T S J

AMBROSIA
APPETIZER
AVOCADO
BOWL
CABBAGE
CAESAR
CHEESE
CHEF SALAD
CHINESE CHICKEN
CILANTRO
COLE SLAW
CROUTONS
CUCUMBER
DRESSING
ENDIVE
FRUIT
GELATIN
GREENS
ICEBERG
LEAF
LETTUCE
MACARONI
MAYONNAISE
OIL
PASTA
POTATO
RADICCHIO
RADISH
RED ONION
ROMAINE
SALAD BAR
SHRIMP
SPINACH
TACO
THREE BEAN
TOMATO
TOSSED
TUNA FISH
VEGETABLE
VINAIGRETTE
VINEGAR
WALDORF
WATERCRESS

Solution on page 177

Pasta

W U V A V O F J L L C L I I K P T I R R
X Q X U V J H I U A O L T F Q R A N L A
D N X X P W N M V J L T N B I E G I P V
T T J I V G A A O E E E B C E L L L A I
A Y E W U C T H C H G Z E R X U I L D O
G R E I H E Y I G G N N I W B M A E T L
L E N E L L M A N V O T R T E A R T H I
I E N L B R P O M O W P U L I C I R A N
A I I I E S O O D H C W L F K O N O I T
T N V V C D E L Y P I E R L C N I T L O
E O C O L C E I F F N P R G J I Y M K J
L T K E P S U C L A C A N N E L L O N I
L A S K E E I T P G D F M F U S I L L I
E G J F N P C M T L I U A A F W R C F N
E I I K N N A D O E A H M R C I Q H M O
H R Y B E C A X Q X F S C P F A O W O T
C S L L A B O Z T A M R A N L A R R Y N
I R A M E N W T A A P B M G O I L O I O
L H Y O D M G C K P F H N A N C N L N W
E L I D Y U B A K Y V V R C T A O G E I

CAMPANELLE
CANNELLONI
CAVATELLI
CONCHIGLIE
DUMPLING
EGG NOODLES
ELICHE
FARFALLE
FETTUCCINE
FIORI
FUSILLI
LASAGNA
LINGUINE
LUMACHE
LUMACONI
MACARONI
MATZO BALLS
PAD THAI
PENNE
RAMEN
RAVIOLI
RICE NOODLES
RIGATONI
SPAGHETTI
TAGLIARINI
TAGLIATELLE
TORTELLINI
VERMICELLI
WON TON
ZITI

Solution on page 177

Cocktail Hour

A B G W Z O T I J O M S H E R R Y O I B
P E V A Z S E Z O O B L O O D Y M A R Y
P N I L I N Q Q G R W E N G A P M A H C
L I P D F R U E U Q I L V R C D N Q C J
E H L O N G I S L A N D I C E D T E A X
T S X R I R L Y Y H E W R M Y O N N R Y
I N U F G H A G C R H A D A M Q A G B U
N O E V G S S N C I R E L C O T T G O Y
I O F S O I U E T F N E O N T E I N N Y
S M O M P P N E N O X L J A Q N L D A E
P S I G B C R A I A L A H D G G O R T D
E M A Q A U I H N I C N E E N A P O E V
L J H Z S L S D N D A I R G T A O B D V
U B A S E A E S E M T A R I G U M R B O
J T I W F R P U A R L O R R Z N S O I D
T A K D E A A C L E N A N O U Y O Y T K
N I L S S E H C S B G J L I Q H C G T A
I O A T Y R E V I R D W E R C S D D E B
M H I R I U Q I A D U V S T I N G E R S
C S C O T C H M U R H A S T I R I P S U

APPLETINI
BITTERS
BLOODY MARY
BLUE LAGOON
BOOZE
BRANDY ALEXANDER
CARBONATED
CHAMPAGNE
CHASER
CIDER
COSMOPOLITAN
DAIQUIRI
EGGNOG
GIN AND TONIC
GIN FIZZ
GINGER ALE
HURRICANE
LIQUEUR
LONG ISLAND ICED TEA
MANHATTAN
MARGARITA
MIMOSA
MINT JULEP
MOJITO
MOONSHINE
OLD FASHIONED
OUZO
PASTIS
PUNCH
ROB ROY
RUM
RYE
SAZERAC
SCOTCH
SCREWDRIVER
SHERRY
SPIRITS
STINGER
TEQUILA SUNRISE
TOM AND JERRY
TOM COLLINS
VODKA
WALDORF
WHITE RUSSIAN
WINE

Solution on page 177

Spice It Up

W O H X X L F N K I R N D J D U M E W N
S D G C T T A Y T P I Y Y O T N E M I P
W V R C I A S A F F R O N O R E G A N O
U Y L E A R P M E L I M O M A H C W T B
G R I U K R E S H C H I L I S A U C E M
N A V J L A A M R L U Q V I N E G A R A
O M E P W G R W R E B A E G J B C M G Y
V E R M E O M D A U D A S A D H U O R H
Q S W E O N I O N Y T N Y R I F M M E I
D O O H S K N O M A I K A L A E I A E T
D R R D R A T S U M M W I I E T N D N K
A H T N I M R E P P E P H C R A R R K X
K C H I L I P O W D E R I P E O F A O Y
I Y M N C A L L S P I C E O C B C C T S
R R I C A T N I P C B L K W U W A F D A
P O P P Y S E E D H O E L D A G N S X M
A C C U E B R H S I D A R E S R O H I X
P I L M N P P U G V O H I R Y R R U C L
M H D C N G I N G E R M A R O J R A M D
E C A M E M Y H T S R E L I S H S J K P

ALLSPICE
BASIL
BAY LEAF
CARAWAY
CARDAMOM
CATNIP
CAYENNE
CHAMOMILE
CHICORY
CHILI PEPPER
CHILI POWDER
CHILI SAUCE
CHIVES
CORIANDER
CUMIN
CURRY
DILL
GARLIC POWDER
GINGER
HEMP
HORSERADISH
LIVERWORT
MACE
MANDRAKE
MARJORAM
MONKSHOOD
MUSTARD
ONION
OREGANO
PAPRIKA
PEPPERMINT
PIMENTO
POPPY SEED
RELISH
ROSEMARY
SAFFRON
SAGE
SOY SAUCE
SPEARMINT
TARRAGON
TARTAR SAUCE
THYME
TURMERIC
VINEGAR
WINTERGREEN

Solution on page 178

Seafood Restaurant

L P M H P Q E J R E T S Y O B M U G S I
O R P U A S G S F K I S C Y I F N M O Q
R A E E S F R R I I L E H A D D O C K X
H W D P R S W E S Y A K S R L E A V D J
M N R P P C E V H E P Y I C I L G G O O
U D E L C A H L A C I W F V A M O W O E
M R J E Z V N I N M A T Y M G R P P X G
F A F R E I I S D O H E A V N O N D F C
G S N T A A G N C E S R R M I D E I R F
X E U C F R J H H X I N C T R R L D S Y
V A B P A I M O I V F O H E R L Z S E J
S D Y X O B A J P H D M D G E U A P S S
B A Y Y A T L G S O R L P T H B H U C X
G D O Q Q C C N C J O A U W D B J T A A
R W H S I F D O C B W S L E E W G U R B
I A H E I M U L S W S Z P I K A M B G A
L R A H S I F T A C Q I E P O A Q I O L
L C H O W D E R Y G R H G C M R B L T O
E U C E B R A B A T T E R W S C B A Z N
D I U Q S O L E S A N D W I C H X H T E

ABALONE
ARTHUR TREACHERS
BAKE
BARBECUE
BATTER
BROIL
CALAMARI
CATFISH
CAVIAR
CHOWDER
CLAM
CODFISH
CRAWDAD
CRAYFISH
EEL
ESCARGOT
FILLET
FISH AND CHIPS
FRIED
GRILLED
GUMBO
HADDOCK
HALIBUT
LONG JOHN SILVERS
MUSSEL
OCTOPUS
OYSTER
PERCH
PRAWN
RED LOBSTER
SALMON
SANDWICH
SAUTE
SCALLOP
SHRIMP
SMOKED HERRING
SNAPPER
SOLE
SQUID
STRIPED BASS
SWORDFISH
TILAPIA

Solution on page 178

Baking Cookies

R A D Y P Y Y C Z A T T W M V F H E I S
A W H O X U H R V E G G S U P E C A N Q
R S M B Z E G C E X P X F R O S T I N G
L E N P W I A H N K I S G H G U O D E M
H S G Y I F S X U U A M I L K V C E L C
R S C N C H W D A E R B T R O H S C U D
M A V L I T C Q R I I C X M C U R O Q H
B L L Q N F P E A N U T B U T T E R P E
R O X O G O Y L T L M C Q V G L T A C U
A M P U V S W D M A J C B V P E T T V P
G T C O C N O O A B L X I A Z M U E V U
U T V Z D O L O X L Y O S N M A B D L A
S E P U D M L D C M C T C I N R Q S E B
N F R M N E A R M V R P O O N A E V E K
A I O B L L M E S Y E W T U H C M Z H D
C M S P L J H K H J A Z T W I C A O W V
K I A I Q S S C P E M S I P A L J W N M
Q M N C A W R I L L E M S M G F R U I T
V A R L B R A N D Y S N A P S D E X P O
V P X B R I M S H O R T E N I N G R S M

BAKERY
BISCOTTI
BRANDY SNAPS
BUTTERSCOTCH
CARAMEL
CHEWY
CHOCOLATE CHIP
CINNAMON
CREAM
CRISP
CRUNCHY
DECORATED
DOUGH
EGGS
FROSTING
FRUIT
GLAZE
ICING
JAM
LADY FINGER
LEMON
MAPLE
MARSHMALLOW
MILK
MOLASSES
NUTS
OVEN
PASTRY
PEANUT BUTTER
PECAN
PINWHEEL
RAISIN
SHEET
SHORTBREAD
SHORTENING
SMELL
SNACK
SNICKERDOODLE
SOFT
SPICES
SUGAR
VANILLA
WAFER

Solution on page 178

Soups

H N Y Q D L C V G A D A L A Y H Y R G M
G B O O W H C W V O E G A T T O P K I O
Q A S L I U S Z E O L T Y F I A J A O C
V F Z C L M L G M G W K P M R W N N R K
J F K P W I D E N R H I I X E O I E M T
A E I B A I U O D U G N H S I O D Z U U
N J D O R C O O E B E E S N N W K T S R
U K J R N D H L B S G I O T O A E L H T
Q A O Z L B B O T G A H S H H B R P R L
M P M E G A A R D B C A C H A C O N O E
A I K W T Y O R A N W M N H A T S S O V
S Z S E T N O L E H A C P V A R O R M O
U P G H E P L R N L P L C T Y K K W O H
I E L W O I F O C P A S O O S I M F I B
V O G I U S T Z A L L A B O Z T A M I T
H X T O T N H T O M A T O B I S Q U E N
T T B G O P N I G U M B O S T O C K Z W
O A E W Q A E B R C I H T P T T F Z H C
R I Q D E X T A Y U O E H K W X Z Z T J
B L J B F T F I S H C H O W D E R R L J

ALPHABET
BEAN
BISQUE
BORSCHT
BOUILLABAISSE
BOUILLON
BROTH
BURGOO
CHICKEN
CLAM CHOWDER
EGG DROP
FISH CHOWDER
FRENCH ONION
GAZPACHO
GUMBO
MATZO BALL
MINESTRONE
MISHOSHIRU
MISO
MOCK TURTLE
MUSHROOM
NOODLE
ONION
OXTAIL
PORRIDGE
POTATO
POTTAGE
SHARK FIN
SPLIT PEA
STOCK
TOMATO
VEGETABLE
WON TON

Solution on page 178

Something to Drink

O K I Y P G D G O N G G E I C E D T E A
C X S L E E X R F C I D E R N H Y R D Q
B B M I A J P M P M A P R I Z R R K A S
O O M Q B U A C S E R F E E T A R L E D
I T N U N T D R G G P F H I E D E A M E
W T Y E M A E N F R F P W V E O B H I T
C L V U Y E A I I A F I E P W S W C L A
O E D R B R X S C P N J D R S M A U J N
S I C T O T A E S E C S N R A A R T Y O
S V O R G N E C L J K L I M R E T T U B
E O C I H A M I I U J I A V T R S K E R
R H O U V I I U A I R C T X U C P S L A
P O A Q L T L J T C C E N X N F U R A C
S H D S B I N O K E C I U J E G N A R O
E P U N C H O T C H O C O L A T E T E G
T B K W P A M A O Y L U M R D L C C G N
I B P I J T E M C W A T F K J N T E N A
R E T A W T L O J Y R R E H C M Q N I C
P V S B C I E T P L E M O N A D E I G K
S C W G C O F F E E O J N L I S Z Z E D

BOTTLE
BUTTERMILK
CAFFEINE
CARBONATED
CHERRY
CIDER
COCKTAIL
COCOA
COFFEE
COGNAC
CREAM SODA
DR PEPPER
EGGNOG
ESPRESSO
FRESCA
GINGER ALE
GRAPE JUICE
HOT CHOCOLATE
ICED TEA
JOLT
KIWI
LEMON LIME
LEMONADE
LIMEADE
LIQUEUR
MOUNTAIN DEW
NECTAR
NUTRASWEET
ORANGE JUICE
ORANGEADE
PUNCH
RC COLA
ROOT BEER
SEVEN UP
SLICE
SPRITE
SQUIRT
STRAWBERRY
SUGAR FREE
TAHITIAN TREAT
TOMATO JUICE
WATER
WINE

Solution on page 178

Candy

J G N M I N T D P W E P O R D M U G N C
Z Q X P T C K S H E U C J U J U B E S E
F C P P T I E W I L P H I C E H E A D J
A H P R H O R L Q N O P A R M G L V Q L
M O F A M B T T T R Y N E Y O T D X X W
R C X L D C D U E T D D D R W C E U O B
G O L I R L T H T Y I N N A M L I P F B
V L O N V Q O R C T A R T A P I O L U S
N A L E O U A O E C I E B P C P N T O M
A T L E N S R E N M R F A T C D T T U W
E E I D A N F O U T C D R O U E R G N O
B Y P V F F T G A Y E O R U R N G A R L
Y F O W O T E F C I D N U S I N A A H L
L F P T O L F L D A B N C G I T B E N A
L A Q C B Y S N O A R O A W H T T O P M
E T U B D S A D L Z T A E C U D B I F H
J M U Q I C H L Z C E H M N K N R Y C S
P B B K Y S S K H V C N A E O C S O I R
U O S U G A R P L U M E G B L E O E P A
A N O U G A T K C K P O V E P G W R V M

BONBON
BUBBLE GUM
BUTTERSCOTCH
CANDIED APPLE
CANDY CORN
CARAMEL
CHEWING GUM
CHOCOLATE
COTTON CANDY
COUGH DROP
FUDGE
GUMDROP
HARD CANDY
HOREHOUND
JELLY BEAN
JUJUBE
KISS
LICORICE
LOLLIPOP
LOZENGE
MARSHMALLOW
MINT
NOUGAT
PEANUT BAR
PEANUT BRITTLE
PEPPERMINT
POPCORN BALLS
PRALINE
ROCK CANDY
SALTWATER TAFFY
SUGARPLUM
TAFFY
TOFFEE
TUTTI FRUITTI

Solution on page 178

Berry Delicious

K R Y Y O T U S P I C E B E R R Y C L A
U T J R R Y R R E B X O B H A R V E S T
O X S A R R K C I P Y K M U S R C B Z Y
X A T P M E E L S S V A L D P W A A C R
X A Y Q J Q B B E U R O E B B V W N R P
X V S R D E D N W I G E I L E I P E A R
M M Y Y R E B H O A S A Y U R K W B N E
U K V R R E W N N G R L R E R E V E B S
L F Y H R R B B Y N N T N B Y S B R E E
B N R R Y E E D E R Z I S E E D Q R R R
E W Y G R R B B A R R K L R L R V Y R V
R L J R R E C R K H R E T R V I R U Y E
R M Y Y E Y H Y E C S Y B Y C K Y Y S S
Y R R E B W O C O K A E S E K A C N A P
D S A S K A T O O N C H B V L W B F F U
G P Q U C G O O S E B E R R Y T R W R R
C U R R A N T S J Z R H H S W O R F E Y
Q J E L L Y W P F R U I T C Z V N O S S
Y R R E B A E T Y R R E B E N U J J H C
X A E Q C B B R X J V E N I W Q J Q W W

BANEBERRY
BILBERRY
BLACKBERRY
BLUEBERRY
BOXBERRY
BOYSENBERRY
CHECKERBERRY
CHERRY
COWBERRY
CRANBERRY
CURRANTS
DEWBERRY
FRESH
FROZEN
FRUIT
GOOSEBERRY
HACKBERRY
HARVEST
JAM
JELLY
JUNEBERRY
LINGONBERRY
LOGANBERRY
MARIONBERRY
MULBERRY
PANCAKES
PICK
PIE
PRESERVES
RASPBERRY
SASKATOON
SEEDS
SERVICEBERRY
SHADBERRY
SPICEBERRY
STRAWBERRY
SUGARBERRY
SYRUP
TART
TEABERRY
WHORTLEBERRY
WINE

Solution on page 178

CHAPTER 6: **HOLIDAYS AND CELEBRATIONS**

Party Time

P O Q S K S A M P S S E M A G S T F I G
N S L D E K A C S O G S T A H R E Y B X
C S C Z E L Y E N J T A B L E C O V E R
X T I O L C G Q I S H A V A S R O V A F
E R E I N A O W K H E L T X A E C Q N W
P E R S R F T R P W M S T O E R S E L I
G A H E I R E P A P E P E R C C N A C W
S M V L D R T T N T T G Y O E H O I J I
T E P B C I P Q T Q I X S D N E I R F X
B R R A S Q C R D I N O I P T H T P Z M
T S R T P N Q O U I B A N N E R A B S M
I S B E W E O B G S S S O S R O T A R B
Q D D G N F R O I I X C T J P U I N E O
O A O E K N O G L H N Y J N I U V G W G
S N R V U D I M O L H G X O E V N Y O T
N C P S Y T S D U O A X E T C S I K L R
U I L B Y G C U P S D B C R E K E M F N
R N A D O S U H N O I S E M A K E R S E
L G Y Z M H L J W U H C N U P L A Y P N
Y D N A C O S T U M E S K R O W E R I F

BALLOONS
BANNER
BEVERAGES
CAKE
CANDY
CENTERPIECE
CIDER
CONFETTI
COSTUMES
CREPE PAPER
CUPS
DANCING
DECORATIONS
DINNER
DISC JOCKEY
FAVORS
FIREWORKS
FLOWERS
FOOD
FRIENDS
GAMES
GIFTS
GINGER ALE
GOODY BAG
HATS
ICE CREAM
INVITATIONS
MASKS
MUSIC
NAPKINS
NOISEMAKERS
PAPER GOODS
PLAY
POTATO CHIPS
PRESENTS
PRIZES
PUNCH
SODA
STREAMERS
SURPRISE
TABLE COVER
THEME
TREATS
VEGETABLES

Solution on page 179

Thanksgiving

J Q W Y T N U O B J I G N I F F U T S Q
F A M I L Y S B P U M P K I N R N Z A R
S X I G Y R R E B N A R C I O H D C X Y
H U Z W R D D I N N E R N M T A E J R F
L S T C I A N O V E M B E R R R K I W D
Q K I H E L T T H A N K S Z Y V P F P X
P K R D U A L I H D Z S Y V H E A A C F
S M Z S N R A I T P C R R A E S K D R L
X Z S N K A S B A U L S J Q D T Q O M A
S Y S L H Y T D Z M D Y R Q P I Y O O V
S N H O E G S S A K B E M E I A L F B S
W U A K T H W E S Y E R W O L L N O F P
T L R I A L L W F E E S A K U T F G H I
C U J R D B Y E D M L A M D T T T W F D
T A I U B N A U U A N I V R F N H E P E
F N S O F S I U V G K O M V D O R Y S N
G R G F T V C O R N U C O P I A R O E D
E S W E E T P O T A T O E S T A E D C Q
Z S X X D D T A C Q M A Y F L O W E R S
S M I R G L I P O A D F O O T B A L L J

BOUNTY
CORN
CORNUCOPIA
CRANBERRY
DINNER
EAT
FAMILY
FEAST
FOOD
FOOTBALL
GOBBLE
GRATITUDE
HARVEST
HOLIDAY
INDIANS
MAYFLOWER
MILES STANDISH
NOVEMBER
PIE
PILGRIMS
PLYMOUTH
PUMPKIN
SETTLERS
SHARING
STUFFING
SWEET POTATOES
THANKS
THURSDAY
TURKEY
WILLIAM BRADFORD

Solution on page 179

Traditional Anniversary Gifts

C D I J O A L P C X R S J J J P Z E U X
M E I N F A R R T L Q P T C K P W Q T K
K D C A A C U E P I L T K H Z N P W Q C
T G S J M N F S H A Q L E S Z O E L Q M
B T O A T O E G T T N D T X R R A A C D
K I O Z S H N I R V A E N U T I R R H O
T N X P C S N D B M E E B M E I L O I O
F V B T A U C R N L E Y L A Q K L C N W
A G A O M R O O E D A J A X E E S E A G
I W Z X Y N T O S A P P H I R E N G S Z
X L O S Z T S R K F F E L A C E N S S P
Y B T E O S P D E L A M M V P N E I V C
J A R C A O A F I P D G U E M N N L N O
L K N L T H J O B O P S R N R B I K K H
O H G T G X D S P Q T O J K I A L O I O
Y B E G O A W A C Z M Z C M Q M L C T H
O R A G L Z Z I X A I Y S E N A U D Y B
Y T R P D R F J H M M G E A Q H J L V T
S E O T O H M A E L O O W R E P A P A Q
R Y R O V I L O R E V L I S V G L S K N

ALUMINUM
BRONZE
CHINA
COPPER
CORAL
COTTON
CRYSTAL
DIAMOND
EMERALD
GLASS
GOLD
IRON
IVORY
JADE
LACE
LEATHER
LINEN
PAPER
PEARL
PLATINUM
POTTERY
RUBY
SAPPHIRE
SILK
SILVER
STEEL
TEXTILES
TIN
WATCHES
WOOD
WOOL

Solution on page 179

Christmas

U S S L E D K D T A S R G E G G N O G V
P T H Y O G S T E Y E I P E W D T D G B
N C H T T N J S B E N A G W R M I C E U
T A W S H A V A D G A A T E C D N E S D
W N Y S L O L N E M J G P N Y W S K H C
B D N L S E I R B U R A C F A G E E M M
L Y K J O E B U M X P M A X S S L R H A
Z C S N R R L W Y G N U T C R A C K E R
L A Y R E A O Q N T E M O C Y R U M G M
U N H A E N Z I U B M B J Q Q A A Q U R
S E D E S L P S U G A R P L U M S A H E
T H L T D P O A T Y N R E C J K B O P C
O F S P A O R R T O W S E D U N Q G L N
C R O R R E N S A R Y I H C E P I O O A
K C W D C E O N E C M S M N N F I B D R
I W Z A E R S A E N P V N T T A O D U P
N Y C S F E T E Z R F A R S F W D N R W
G K C H M H R M N W T O R N A M E N T S
S O L E M U P T O T U W E P S P Z R B G
N S L R D S A U M Q S M V Z I C R A V C

BOW
CANDY CANE
CAROLERS
COMET
CUPID
DANCER
DASHER
DONNER
EGG NOG
ELF
FROSTY
GIFTS
GINGERBREAD
NOEL
NUTCRACKER
ORNAMENTS
PRANCER
PRESENTS
REINDEER
RUDOLPH
SANTA
SLED
SNOW
STOCKINGS
SUGARPLUMS
TANNENBAUM
TINSEL
TOYS
TREE
WRAPPING PAPER
WREATH

Solution on page 179

Wedding Ceremony

G Q N G C P H D A N C E M A R R I A G E
T C F O R E R O N O I T P E C E R I E C
Y L O G I E R O N U N F A V O R S T P A
I Y D R B S H E P E B O U Q U E T I H E
H N E E S O S S M O Y R G N P W F N O P
Z Z X E D A W E U O S M E D L O I V T E
C P U R Z A G T C H N A O M E H G I O H
X R T K E A O E I O P Y L O M S O T G T
H E I T G N M S K E R B M Y N U V A R F
R H I N N O N D L Q G P V T O C C T A O
E E E I O E D I T P U Z L R H J F I P E
R A E R S T N A D N E T T A R O N O H C
A R G M G J A M F I S G P P D Z S N E I
E S L R N N G S I D T E S G C I E Y R T
B A T W I G R E A N L R J N A H R U E S
G L O I D B O D N S I O K I T G U B K U
N G S I D F L I C C S S I D E I T R A J
I N V R E M N R E J T F T D R E C J C X
R W V O W S Y B D F L O W E R G I R L H
E G I E Q V B W V K X P K W R Q P R U H

BOUQUET
BOUTONNIERE
BOW TIE
BRIDAL PROCESSION
BRIDESMAIDS
CAKE
CATER
CEREMONY
CHAPEL
CHURCH
CORSAGE
COUPLE
CUMMERBUND
DANCE
DINNER
ENGAGEMENT
FAVORS
FIANCE
FLOWER GIRL
GIFTS
GOWN
GROOM
GUEST LIST
HONEYMOON
HONOR ATTENDANTS
INVITATION
JUSTICE OF THE PEACE
MARRIAGE
MINISTER
ORGAN
PHOTOGRAPHER
PICTURES
PROPOSAL
RECEPTION
REHEARSAL
RICE
RING BEARER
SHOWER
TUXEDO
USHER
VOWS
WEDDING PARTY
WEDDING SONG

Solution on page 179

Easter

Q	I	D	U	U	E	E	M	C	T	P	P	V	D	H	T	V	L	P	G
X	R	V	T	T	Y	H	O	R	U	S	Q	C	D	S	Q	B	G	T	S
X	M	E	D	D	W	A	G	H	J	X	F	G	P	S	D	F	P	V	S
M	P	N	E	N	X	T	U	D	H	J	M	L	Z	B	A	F	J	N	E
B	O	V	J	E	T	A	L	O	C	O	H	C	O	M	K	Q	C	S	T
S	U	L	T	E	I	A	L	D	R	E	S	S	I	W	C	R	Z	S	A
Y	X	I	E	D	L	I	U	D	X	J	D	L	D	J	E	B	V	A	R
A	N	T	N	S	E	L	P	E	W	L	Y	B	M	A	L	R	B	R	B
D	A	R	N	W	P	C	Y	N	F	U	C	Z	T	Y	E	L	S	G	E
N	K	D	O	R	N	I	O	B	M	P	D	R	B	A	O	C	Q	E	L
U	L	C	B	C	A	K	L	R	E	Y	L	F	R	E	T	T	U	B	E
S	N	N	I	C	K	B	R	U	A	A	G	R	D	R	N	M	H	Y	C
U	F	D	T	H	A	T	B	S	T	T	N	M	A	L	S	U	L	O	D
H	F	I	N	I	C	N	P	I	R	L	E	S	F	X	N	I	D	I	E
T	E	K	S	A	B	R	D	P	T	G	G	E	F	T	L	Y	N	S	B
B	R	B	B	P	I	Q	I	Y	Z	O	L	G	O	Y	S	N	I	G	U
B	M	Y	P	N	X	Q	P	P	B	U	V	L	D	F	E	R	K	J	N
F	L	L	G	J	V	G	A	J	K	I	M	E	I	R	N	G	S	A	N
R	E	D	A	R	A	P	E	I	X	J	O	D	L	U	B	J	J	U	Y
Q	P	Q	A	S	P	E	F	P	G	Y	C	Q	S	T	D	U	H	R	M

BASKET
BONNET
BUNNY
BUTTERFLY
CANDY
CELEBRATE
CHICK
CHOCOLATE
DAFFODIL
DECORATE
DINNER
DRESS
DYE
EGG
FAMILY
FLOWERS
GRASS
HUNT
JELLY BEANS
LAMB
LILY
PARADE
RABBIT
SPRING
SUNDAY
SUNRISE
TULIPS

Solution on page 179

Labor Day

R E K K C S C F W O T P N R V E K C A C
E V T E N X Z Q Z I E T T H I D J Z D O
Y A Z A B A P I C N I C E Z A K R Y M X
O I N T S L T N A W K E N S P U E M S Z
L Z O K D A U I J O B P Q W O A X C Q R
P N I P T C Y E O S E H C E E P S J C O
M O T L Y G V F C N E C R O F K R O W Y
E I C D E K R K I O A W E E K E N D A P
U T U B Z C Y E M K L L D K N P Y P O S
O A D I X O O O K S V L H F A M K L H E
K C O Y M X N N E R T D A O A E I H O P
J A R G X D L G O O O C Z R L T R N U T
E V P C A L A Y I M P W H M I I O B R E
E M H Y Z W B L M Z Y K A C H I D Z L M
X D P E A R N I N G S N I F N K S A Y B
R D A L V C T K E P H A B U Q Q Q G Y E
H E V R O C N X H O N B A R B E C U E R
T C S H A Y O W U S I N D U S T R Y A W
A Y A T S P E R J L L X L L G D R C E E
S H Q M R R C E G D X C A J I I C G X Y

BARBECUE
BLUE COLLAR
BREAK
EARNINGS
ECONOMY
EMPLOYEE
EMPLOYER
HOURLY
INDUSTRY
JOB
MAN HOUR
MONDAY
NATIONAL HOLIDAY
PARADE
PAY
PICNIC
POLITICIANS
PRODUCTION
REST
SEPTEMBER
SPEECHES
TOIL
UNION
VACATION
WAGES
WEEKEND
WORKER
WORKFORCE

Solution on page 179

Baby Shower

E H O D Y A V H U Z C Y F I Z S S R W E
Z B G A U T H K X K Z L X J X Q E R M S
D G H Y I L I A V G V G S R Z T A T B G
I G U A T Z R S S E T A L P H P T W E M
Z V N E Z I T I Q P R P Z G P S H G V N
N C K L S E N K G E T T U I P T M D E R
S A Q P L T P R L N L A N F A O R E R O
S E P P R S L A E C L G P A R R N C A B
O P I K T E T I F T P J A V T K X O G W
F R O B I I G S S A A D C O Y H W R E E
T X L Y V N K N P T Y M I R D F L A S N
H Y B E R S S E A F R J F S D L S T E K
M O S L S T R W I N T A I W N R M I C D
A P L C A T E R E D T E E S E G P O I B
L C A K E Z Z A I J K W R P D R V N V O
I N V I T A T I O N S S A S I N F S D Y
K M M N Y G I F T S E I N Z H N E O A G
K Y P R O G S C B M D I E S P U C I O A
B W D K B Y Z Z A D W S U N E M K K R D
M E K P E E D G Z T L S U D K D C E Y F

ADVICE
BEVERAGES
BOY
CAKE
CATERED
CUPS
DECORATIONS
DIAPERS
FAVORS
FOOD
FRIENDS
GAMES
GIFTS
GIRL
GUEST LIST
INVITATIONS
LAUGHTER
MATERNITY
MENU
NAPKINS
NEWBORN
PACIFIER
PARTY
PLATES
PREGNANT
PRIZES
RELATIVES
STORK
TRIPLETS
TWINS
WRAPPING PAPER

Solution on page 179

Happy Hanukkah

R L K F M H J M B K J E W I S H C X Z K
C A N D E L A B R A B F H A R O N E M S
H T D B Q S Z Y L E D P K I S L E V S F
Z K R N G D T E G G C E A S O I U E Z Q
O E G D E C O I N S J I D R H D K N M B
W S I W L L N O V G E H O I T A L T A R
K Q V T T N A W F A L F G J C Y B J C Y
E W I Q I E D C G J L T J N E A D B R I
Q G N N Z C W F E C Y O A L I R T O A J
P F G T H U O R R R D P F S K R T I I T
I R L A W A U U Y J O U U L B C U I O K
R S D U S S S H H T U F I Z I T O D U N
B U T V A E E T A S G O E V R G F A N L
J Q G L O L M T H A H S Y A D T H G I E
B H E A C P O A N S N Q D F E A S T R D
C M G A L P M I G T U I N O V I V I S I
T I R E M A Y T S F T O R A H S H I N E
Q I M B S O C W I I S E E B A C C A M R
M I Z H T C K H O G J J L Z P C V H A D
G C H T F K H N G X U G F Y V S R C Q F

ALTAR
APPLESAUCE
BEGINNING
CALENDAR
CANDELABRA
CHAI
COINS
CRUSE
DEDICATION
DREIDEL
EIGHT DAYS
ENDURING
FEAST
FESTIVAL OF LIGHTS
FOOD
GAMES
GELT
GIFTS
GIMEL
GIVING
HEBREW
HOLIDAY
JELLY DOUGHNUTS
JERUSALEM
JEWISH
JUDAH
KISLEV
LATKES
MACCABEES
MENORAH
MIRACLE
OIL
PARTY
POTATO PANCAKES
REJOICE
RUGALACH
SHABBAT
SHAMASH
SHIN
SIVIVON
SUFGANIYOT
TORAH
TRADITION
VICTORY

Solution on page 180

Fourth of July

L	W	Y	H	D	C	R	L	R	U	T	M	N	L	V	A	J	S	G	F
N	E	N	A	P	O	E	F	S	T	N	A	K	D	K	Y	T	E	B	I
O	I	O	M	I	N	M	A	U	Z	M	M	C	Z	X	A	O	O	C	R
S	B	I	E	C	G	M	U	O	T	S	D	M	D	T	R	T	L	E	E
R	D	T	R	N	R	U	A	B	K	O	O	I	E	G	T	C	I	L	C
E	E	U	I	I	E	S	X	R	C	D	N	S	E	L	F	V	B	E	R
F	C	L	C	C	S	W	O	U	E	D	W	W	E	Y	C	L	E	B	A
F	L	O	A	A	S	W	M	E	E	X	A	R	D	R	K	X	R	R	C
E	A	V	K	W	E	E	R	P	J	S	O	H	J	P	J	B	T	A	K
J	R	E	G	R	N	F	E	W	H	C	P	Z	S	T	J	E	Y	T	E
S	A	R	I	T	O	N	H	I	K	O	V	N	J	Y	O	X	H	E	R
A	T	F	F	A	D	E	N	E	T	N	E	M	N	R	E	V	O	G	J
M	I	Q	L	E	D	G	T	C	L	Y	D	R	A	O	H	V	A	W	W
O	O	U	N	A	T	M	R	C	P	D	G	K	I	C	L	T	F	J	E
H	N	C	R	O	S	E	P	I	R	T	S	D	N	A	S	R	A	T	S
T	E	A	N	S	R	E	H	T	A	F	G	N	I	D	N	U	O	F	E
M	P	S	Y	L	W	P	A	T	R	I	O	T	I	S	M	X	B	T	G
T	N	E	D	I	S	E	R	P	M	K	D	R	U	M	A	L	I	V	A
I	M	I	S	M	H	U	N	I	T	E	D	E	H	M	U	H	A	U	Q
H	H	G	A	L	F	M	Z	V	C	X	B	G	R	E	W	X	X	S	X

AMERICA
BLUE
BOTTLE ROCKET
CELEBRATE
CONGRESS
DECLARATION
DOCUMENT
FIRECRACKER
FIREWORKS
FLAG
FOUNDING FATHERS
FREEDOM
GEORGE WASHINGTON
GOVERNMENT
INDEPENDENCE
LIBERTY
PARADE
PATRIOTISM
PICNIC
PRESIDENT
RED
REVOLUTION
STARS AND STRIPES
STATES
SUMMER
THOMAS JEFFERSON
UNITED
USA
WHITE

Solution on page 180

Trick or Treat

X D I Y W X P F P C V W W E B S H K F P
Q G S R E D I P S L U O H G V D C L N H
S T N O I T O P I F Y P E E R C O A C I
T L I I N V I S I B L E M A N W B T R T
P L L R B I U L G X K H C F E C A N D Y
T A B E I B G P H O O U Y R E P N I R C
S F O A P P O H R L L R E I W T S V Y P
H W G K P S S B T A E W F G O P H O K C
H S E S U O H D E T N U A H L Y E B I N
O K D I A I Y L E L L K G T L R E Y T S
T E A H R I B M E L P I R E A C N E X I
V L R S C D E R M W R P O N H H O T F Z
F E E E A C T O O E B B A I Y O T Q V A
Y T U R U D O R B O L J N N K C S A G J
Z O Q I L N C O N A M E I G O O B W B O
U N S P D E T E C E M S I S O L M Y L K
Q O A M R C S K A I P N T X P A O D N M
S S M A O L C O F F I N A I S T T B U I
C B C V N A H S E M U T S O C E B E S H
R S R E T S N O M U M M Y I M K L T Q J

APPLE BOBBING
BANSHEE
BAT
BLACK CAT
BONES
BOOGIE MAN
BROOMSTICK
CANDY
CAULDRON
CEMETERY
CHOCOLATE
COFFIN
COSTUMES
CREEPY
CRYPT
DRACULA
FALL
FRIGHTENING
FULL MOON
GHOULS
GOBLINS
GROAN
HALLOWEEN
HAUNTED HOUSES
INVISIBLE MAN
MASQUERADE
MOAN
MONSTERS
MUMMY
NIGHT
OCTOBER
PATCH
POTION
PRANK
SCARECROW
SCARY
SKELETON
SPELLS
SPIDERS
SPIRIT
SPOOKY
TOMBSTONE
VAMPIRES
WEIRD
WEREWOLF

Solution on page 180

Birthday Party

L Y S I Y D X D F Q X V D M L E N K F X
V A T S B L L N Y P A R T Y B G E J L C
L L K U A D X J E S N O O L L A B M W F
X P U W H H U S Y J C F N U H A P P Y A
N R O B L J N I D Z V Y A C A K E X H Y
R G M J B Q D C C L O W N V M K A A R M
T W I W R L A E U N U Z K Y O L E N S A
X N I F O O H C A W Q K D J W R E N G N
M T E N T Q V R S U R P R I S E O R N N
I T W S V Q V E G L B S Y H T I Y S I S
G W B H E I W A A C R D F O T H F O C X
S U Q N O R T M B E E O R A S L F U I M
Q D E Q D B P A M V O L R Y U Y T F Q U
O V N S N A R A T D A O G A B Y D O O G
F F C E T O E T Z I C S E L D N A C M S
V G Q K I R H D R E O Y S E M E H T I A
I Y M C T R J C D E Y N D E E G A N T G
Y I O S M G F A N R A I V N M K G V Z T
X L N R S C N H Y U G T E G A A W D A X
C E R H W X U P Y J P V S Q K C G H J K

AGE
BALLOONS
BORN
CAKE
CANDLES
CANDY
CLOWN
DECORATIONS
FAVOR
FOOD
FRIENDS
GAMES
GIFT
GOODY BAG
GUEST
HAPPY
HAT
ICE CREAM
ICING
INVITATION
OLD
PARTY
PLAY
PRESENT
PUNCH
SING
STREAMERS
SURPRISE
THEME
TREATS

Solution on page 180

Be My Valentine

G H M E N I T N E L A V T N I A S L I R
T M U Y S C F J I R V W U U J W A L H B
S W Q Z T X L F O R G E T M E N O T S J
U V H Q K A A C S D R A C E A V I R C M
J L S H B J M T W A P S T B E M I N E K
X W K X D G E E E T A N T Y A C J Q N L
F I H O N E Y B E H O H O F K T N B T E
R Q M Q W P Y T T T H U G G I N G A S S
B O U S J D A G H M E A A O O G I U D G
Q X S A D L X I E D I S G N O S S P M S
S S V E O H N R A H U S B A N D W P A Q
S Y T C S G K L R M U S I C P E I O D Q
A Z O R S N O F T T A Y R A U R B E F Q
H H H G N I L R A D N Z N N P E R T S J
C X G N I S S I K U G C B D P F V R L Z
W U X T T O G E T H E R X Y Y I E Y F F
G X P R O M A N C E L M O O L W N D M L
T I A I B C Z D N E I R F Y O B U W A V
A E Z Y D A T E X Q C Q P L V N S C F Z
D C P K R J G A V C F J F J E W E L R Y

ANGEL
BE MINE
BOY FRIEND
CANDY
CARDS
CHOCOLATE
CUPID
DANCE
DARLING
DATE
DEAR
FEBRUARY
FLAME
FLOWERS
FORGET ME NOT
GIFTS
GIRL FRIEND
GOODIES
HONEY
HUGGING
HUSBAND
I LOVE YOU
JEWELRY
KISSING
LACE
MUSIC
PINK
POETRY
PUPPY LOVE
RED
ROMANCE
ROSES
SAINT VALENTINE
SCENTS
SONGS
SWEET NOTHINGS
SWEETHEART
SWEETS
TEDDY BEAR
TOGETHER
VENUS
WIFE

Solution on page 180

Happy New Year!

A J S Y O D D R A D N E L A C H E E R N
T R Z T U C F A T H E R T I M E O T R M
O P A R A D E S X C W H D O A E T C I M
M L L A B I E L O R Y A H T U X E D O B
S X M P T M O D E K E P T E Z T N N E O
W L P W A M D I V B A P N E H I W G N M
E T O G S A R C E A R Y E Y G O I T G A
D B E R N F A K N U S A B H D N I A A N
D F V C S I B C I G R R T T N M Q H P J
I L I S Y R M L N J E X N I E E R P M R
N N T O A S O A G D S U N S O C R O A N
G F S M D T L R G O O G S T I N Q T H G
N I E D I D Y K O C L Q T R D A V U C L
I R F L L A U O W K U H R E B R G O O E
D E M U O Y G P N A T O E A S B E H N T
N W A S H X D E R U I R C M K M N S F Y
E O R E K A M E S I O N N E L E H O E V
Z R E S O L U T I O N S O R P M E L T H
Y K S P H Z K O H U K S C S J E L J T P
G S C D D Q F R F A J A N U A R Y G I D

AULD LANG SYNE
BALL
BEGINNING
BOW TIE
CALENDAR
CELEBRATION
CHAMPAGNE
CHEER
CONCERTS
CONFETTI
COUNTDOWN
DANCING
DERBY
DICK CLARK
ENDING
EVENING GOWN
FATHER TIME
FESTIVE
FIREWORKS
FIRST DAY
FUN
GAMES
GUY LOMBARDO
HAPPY
HOLIDAYS
HORN
JANUARY
MIDNIGHT
NEW YEARS RESOLUTION
NOISEMAKER
PARADES
PARTY
REMEMBRANCE
RESOLUTIONS
SHOUT
STREAMERS
TIMES SQUARE
TOP HAT
TUXEDO
WEDDING
YELL

Solution on page 180

Santa Claus Is Coming to Town

Y V N O M S U A L C A T N A S E V L E X
S Y W S F P R A N C E R E C N A D A O H
I G D G B I S A L O H C I N T N I A S J
P M N A B N W B E A R D E E H A U D O E
Y R P I S O E C Y B H P L O D U R U L E
R E E Y K H W Z A E R G P U Y G K J A R
L E W S E C E L T A N A T P O H S Y O T
D D X Z E H O R F I C M L D J T S J C E
A N W T H N E T R U L Y I O Y Y E V O L
D I D P C W T K S T L B C H P O N T B X
U E E O Y R S S N O W L T K C R I W Z E
Q R C H R I S T M A S T O W N N P T K O
N F E S R E N N O D N G O F H I P O H S
T W M K E S O N D E R L S Y J C A O F T
I E B R H S A M T S I R H C R E H T A F
K O E O C A N D Y C A N E S Q O L P Y I
R X R W U O K K I S L E I G H M A L L G
O I D L P L M G H N U B A G O F T O Y S
Y U S G I U A E A I M Z J O T D W A R Y
H O J M D M N R T B O J X F E C H Y W N

BAG OF TOYS
BEARD
BLITZEN
BOWL FULL OF JELLY
CANDY CANES
CAP
CHERRY CHEEKS
CHIMNEY
CHRISTMAS TOWN
COAL
COMET
CUPID
DANCER
DASHER
DECEMBER
DONNER
ELVES
FATHER CHRISTMAS
GIFTS
HAPPINESS
HAT
HO HO HO
JOY
KRIS KRINGLE
LOVE
MAGIC
MALL
MILK
NAUGHTY OR NICE
POLAR BEARS
PRANCER
PRESENTS
RED NOSE
REINDEER
RUDOLPH
SAINT NICHOLAS
SANTA CLAUS
SLEIGH
SNOW
SOOT
STOCKINGS
TOY SHOP
TREE
WORKSHOP

Solution on page 180

Animated Cartoon Characters

N P E B B L E S R E C A R D E E P S P P
A O G N A M O W R E D N O W E L I N U S
M R U F O G H O R N L E G H O R N D Q C
T K M R D N U O H Y R R E B E L K C U H
R Y B E I R N D L K Y T L R K I P E I E
A P Y D L K D Y C C R A B E D S A L C C
C I O F Y C E W D U R C B N D A N B K K
H G S L O U R O A D E E U N U S T B D L
O M E I E D D O F D J H R U F I H U R E
M I M N V Y O D F L D T Y R R M E R A A
E C I T I S G P Y A N X E D E P R Y W N
R K T S L I V E D N A I N A M S A T M D
S E E T O A O C U O M L R O L O L T C J
I Y S O Y D E K C D O E A R E N I E G E
M M A N M F S E K P T F B L M E I B R C
P O M E G E O R G E J E T S O N Z F A K
S U D Q Y L H O O P E H T E I N N I W L
O S R E P S A C G W I L E E C O Y O T E
N E S U O M Y T H G I M R M A G O O A P
N A M R E P U S C O O B Y D O O B O O B

BARNEY RUBBLE
BETTY RUBBLE
BOO BOO
CARTMAN
CASPER
DAFFY DUCK
DAISY DUCK
DONALD DUCK
ELMER FUDD
FELIX THE CAT
FOGHORN LEGHORN
FRED FLINTSTONE
GEORGE JETSON
GOOFY
GUMBY
HECKLE AND JECKLE
HOMER SIMPSON
HUCKLEBERRY HOUND
LINUS
LISA SIMPSON
MICKEY MOUSE
MIGHTY MOUSE
MR MAGOO
OLIVE OYL
PEBBLES
PINK PANTHER
PORKY PIG
QUICK DRAW MCGRAW
ROAD RUNNER
SCOOBY DOO
SPEED RACER
SUPERMAN
TASMANIAN DEVIL
TOM AND JERRY
UNDERDOG
WILE E COYOTE
WINNIE THE POOH
WONDER WOMAN
WOODY WOODPECKER
YOSEMITE SAM

Solution on page 181

'60s Flashback

T S Y O B H C A E B E H T I E D Y E R N
W R I O U A A N Q L L O R D N A K C O R
I A F S B O C S I C N A R F N A S X B V
G W F C I X I R D N E H I M I J I Z E U
G I K A R R N O O M E H T N O N A M R S
Y T N R T S C E B A Y O F P I G S C T E
O N I R H N C E A R Q C F S N A B O K X
B A A O C I I B L T D N Z E O L R U E U
W U L B O L L E C I N U F E T T E N N A
O S R E N P E R I N S E E K S A Z T N L
C T E R T O D L S L T S M N I M H E E R
T I B T R J E I U U S E I O L O N R D E
H N M S O S H N M T E I N M Y N E C Y V
G P A O L I C W K H T P I E N T V U D O
I O H N P N Y A L E O P S H N A J L O L
N W C U I A S L O R R I M T O D B T M U
D E T B L J P L F K P H M D S J R U K T
I R L T L X C I V I L R I G H T S R C I
M S I L A T N E M N O R I V N E R E O O
J K W A G C H A I G H T A S H B U R Y N

ALTAMONT
ANNETTE FUNICELLO
ANTIWAR
AUSTIN POWERS
BAY OF PIGS
BERLIN WALL
BIRTH CONTROL PILL
BREZHNEV
CIVIL RIGHTS
COUNTERCULTURE
CUBAN MISSILE CRISIS
ENVIRONMENTALISM
FEMINISM
FOLK MUSIC
HAIGHT ASHBURY
HIPPIES
JANIS JOPLIN
JIMI HENDRIX
LBJ
MAN ON THE MOON
MARTIN LUTHER KING
MIDNIGHT COWBOY
MOD
NIXON
OSCAR ROBERTSON
PROTESTS
PSYCHEDELIC
ROBERT KENNEDY
ROCK AND ROLL
SAN FRANCISCO
SEXUAL REVOLUTION
SONNY LISTON
THE BEACH BOYS
THE MONKEES
TIE DYE
TWIGGY
WILT CHAMBERLAIN

Solution on page 181

Reality TV

AMAZING RACE
AMERICAN CHOPPER
AMERICAN INVENTOR
AVERAGE JOE
BEAUTY AND THE GEEK
BOOT CAMP
BULLRUN
CELEBRITY MOLE
CODE ROOM
COMBAT MISSIONS
COPS
EXTREME MAKEOVER
FEAR FACTOR
FLAVOR OF LOVE
FRATERNITY LIFE
FRONTIER HOUSE
JOE MILLIONAIRE
LAST COMIC STANDING
OSBOURNES
SOLITARY
SORORITY LIFE
SURVIVOR
TEMPTATION ISLAND
THE APPRENTICE
THE BENEFACTOR
THE CONTENDER
THE MOLE
THE ULTIMATE FIGHTER
TREASURE HUNTERS
UNDER ONE ROOF
WHILE YOU WERE OUT

M T T K F R O N T I E R H O U S E C A H
K U H E R I A N O I L L I M E O J O Q O
L D U E R E P P O H C N A C I R E M A T
W N W G U N D E R O N E R O O F H B M R
H I N E L L M E C A R G N I Z A M A E E
I J R H V Z T E O J E G A R E V A T R A
L A S T C O M I C S T A N D I N G M I S
E R C D C O L H M S O L I T A R Y I C U
Y E J N F C J F E A R F A C T O R S A R
O D N A L S I N O I T A T P M E T S N E
U N N Y O S B O U R N E S D P K J I I H
W E P T C O D E R O O M F K M E H O N U
E T M U T H E M O L E V E I H R K N V N
R N A A B U L L R U N X A G G L S S E T
E O C E L E B R I T Y M O L E H M M N E
O C T B S O R O R I T Y L I F E T I T R
U E O D F R A T E R N I T Y L I F E O S
T H O P E X T R E M E M A K E O V E R B
E T B S S T H E A P P R E N T I C E Q J
T H E B E N E F A C T O R O V I V R U S

Solution on page 181

Comedians

BENNY HILL
BILL MURRAY
BILLY CRYSTAL
BOB GOLDTHWAIT
BOB HOPE
BOB NEWHART
BUDDY HACKETT
CHARLIE CHAPLIN
CHICO MARX
DICK SMOTHERS
DOM DELOUISE
DUDLEY MOORE
GARRY SHANDLING
GEORGE BURNS
GEORGE CARLIN
GILDA RADNER
JACK BENNY
JOHNNY CARSON
JONATHAN WINTERS
MOREY AMSTERDAM
RICHARD PRYOR
ROBIN WILLIAMS
RODNEY DANGERFIELD
SHECKY GREENE
THE THREE STOOGES

Q R N Q Q C J X J B D Y G F M I M O S V
W X O X S D I A R O O E E A T W M R N B
S D F D Z H C Z M E O B D T L D E U N O
D T I X N K E D R R N R N A W T P S Y B
O U C C B E E C G O E D T E N A E M Q G
G B D E K L Y E K T Y S A I W G N C V O
U E N L O S C D S Y Y R W R O H H T G L
Y N O U E A M M A R G N P O A A A N Y D
Y A I R R Y A O C N A R T D R D I R C T
E S R L G Y M Y T H G S E L R L L H T H
E P I R E E L O T H E E I E D A I I T W
L N O R U L B A O E E E R N N C H R G A
L Z O H I M N U R R C R A F O E K C K I
I M H B B O L H R H E H S M I A P Y I T
H D T E J O T L A N S U A D R E Y I L R
Y E Z T K E B P I Y S R V O I Z L K U H
N T Q P H A L F R B X X Y J J J M D L W
N F S T P I C R T T E K C A H Y D D U B
E D J G N S A R O B I N W I L L I A M S
B D D E H G J O H N N Y C A R S O N E L

Solution on page 181

Campus Mascots

S S T E K C O R J V S S N O R U H B R C
P R R E B E L S Z P S R E G I T W B Y G
Z Q E E B L X Z R D K J S N A J O R T B
S S R N I F S E N I R E V L O W R S O V
S C R N I S T N S T T P H Y S L R B S F
P O C O M M O D O R E S E K E O C E N F
A W B U N E D O R I Z L C O I A I Y O F
C B S O X R P E H Q L A O R T K M Q C H
W O E R L Z E A K O B Y R S S S S W L E
X Y L A E Q W V W R C A N U Y R E S A Z
E S G A R K G J O R W S H A S E N R F U
D O A N E C A Z I G H R U T T H A O Y S
U W E Y R C A M M Z F S S S N T C T M I
U L E C K R S T R L L N K R U N I A U D
E S X E R O N G S E M A E E O A R N R P
Z O T J N Q I K E I L T R G M P R E K M
I S N T Y K U H M T P I S D A K U S S L
E S I P A T R I O T S T O A T O H T U W
T D O A E A B S R E V A E B A Q B R E E
E C R N T S T A S R A G U O C D D F L S

BADGERS
BEARCATS
BEAVERS
BOBCATS
BOILERMAKERS
BRUINS
CATAMOUNTS
COMMODORES
CORNHUSKERS
COUGARS
COWBOYS
CRIMSON TIDE
CYCLONES
EAGLES
FALCONS
GOVERNORS
HAWKEYES
HOOSIERS
HURONS
HURRICANES
HUSKIES
LOBOS
MINERS
NITTANY LIONS
OWLS
PANTHERS
PATRIOTS
RAMS
RAZORBACKS
REBELS
ROCKETS
SENATORS
TAR HEELS
TERPS
TIGERS
TITANS
TROJANS
UTES
WARRIORS
WOLVERINES
YELLOW JACKETS

Solution on page 181

What's Your Sign?

E R C P E M U L S E C A L P H T R I B E
E H E W Y E P H E M E R I S R J Y K P B
U U C G H W D P M I D H E A V E N Y I N
L E W A O S C O R P I O H E A V E N S O
E K E E D L C V N S T C E P S A V P C H
F M X D I Z O A D H L B F O R T U N E O
A V Q B O A B R N A T G E M I N I R S E
N C R T C N O I T C N U J N O C E O J O
Y A S U A H H A R S E R O I W T E C D H
R A T D G U N T R T A R T S I T S I O R
U Z I S E I R A R Q H C Q P A J V R C R
C E S R S Z T U U O I C U D T I O P A T
R W N H R S E A S D N J H N N S M A L M
E D A R G O R T E R W T A A C Q S C R W
M X R A D I E R C D R D T O R V E N U S
Q I T I U N P R Z I N I P L G T X O T I
S H P S A K Z F B E O E X E W R T O G G
Y R B L M S Y T C N U J N O C N I M C N
S L P P U C T S A C E R O F C C L V J I
T R I N E R A U Q S D M H O U S E S Y K

AQUARIUS
ARIES
ASCENDANT
ASPECTS
ASTROLOGER
BIRTH CHART
BIRTH DATE
BIRTHPLACE
CANCER
CAPRICORN
CONJUNCTION
DIVINATION
EPHEMERIS
FORECAST
FORTUNE
GEMINI
HEAVENS
HOROSCOPE
HOUSES
INCONJUNCT
JUPITER
LEO
LIBRA
MARS
MERCURY
MIDHEAVEN
MOON
NATAL CHART
NORTH NODE
PISCES
PLANETS
PREDICTION
RETROGRADE
SCORPIO
SEXTILE
SIGN
SOUTH NODE
SQUARE
STARS
SUN
TAURUS
TRANSITS
TRINE
VENUS
VIRGO

Solution on page 181

Star Trek

Q	A	X	L	V	O	K	E	H	C	G	C	R	K	V	W	T	L	D	D
K	S	H	E	S	W	I	L	L	I	A	M	R	I	K	E	R	F	E	S
C	M	S	E	P	N	E	D	I	E	S	I	R	P	R	E	T	N	E	P
B	X	D	E	L	H	A	S	A	N	K	C	E	D	O	L	O	H	P	O
J	O	J	A	L	A	O	I	L	T	G	R	O	B	E	H	T	W	S	C
R	U	N	A	B	O	U	T	S	E	A	O	D	I	D	P	A	R	P	K
E	R	R	E	N	R	H	E	O	S	Y	N	N	J	F	R	E	T	R	K
G	E	T	G	S	E	M	M	N	N	A	C	X	S	P	H	A	A	A	Q
A	A	B	S	E	A	W	A	R	R	T	D	R	D	S	S	U	C	W	F
Y	D	X	U	J	O	L	A	N	O	O	O	R	U	H	Q	S	F	I	W
O	Y	U	L	T	U	R	A	Y	P	W	I	R	A	S	M	E	E	H	P
V	R	H	U	M	S	M	D	E	G	V	C	Y	P	C	H	V	D	X	R
U	O	U	O	A	O	E	P	I	E	Y	A	A	N	E	L	E	E	Y	K
L	O	R	V	E	N	A	I	Y	L	R	D	O	Q	F	D	N	R	G	N
C	M	A	Y	G	C	I	O	R	T	A	N	N	A	E	D	O	A	U	U
A	P	H	A	S	E	R	E	P	E	T	F	A	P	R	C	F	T	I	J
N	Q	G	E	U	P	V	Z	L	M	F	O	O	S	E	F	N	I	N	K
S	E	D	A	N	E	M	O	R	P	U	F	C	R	N	A	I	O	A	X
Y	R	R	E	B	N	E	D	D	O	R	X	E	S	G	I	N	N	N	G
R	Y	Z	M	J	X	A	D	A	I	Z	D	A	J	I	E	E	R	A	Q

BEVERLY CRUSHER
BONES
CARDASSIANS
CHEKOV
DEANNA TROI
ENGAGE
ENTERPRISE
ESCAPE POD
FEDERATION
FERENGI
GEORDI LAFORGE
GUINAN
HOLODECK
JADZIA DAX
JAMES T KIRK
JANEWAY
JEFFERIES TUBE
KLINGONS
PHASER
PHOTON TORPEDO
PICARD
PROMENADE
QUARK
READY ROOM
RODDENBERRY
ROMULANS
RUNABOUT
SCOTTY
SEVEN OF NINE
SPOCK
SULU
TASHA YAR
THE BORG
UHURA
VOYAGER
VULCANS
WARP DRIVE
WARP SPEED
WESLEY CRUSHER
WILLIAM RIKER
WORMHOLE
YEOMAN RAND

Solution on page 181

Funny Pages

N O D U E K U D A M R A M P Y H E B S C
E N S U C R I C Y L I M A F T Y L E H A
L T A H Y S W E B Q Z R L L N M B T E O
B H L U E T K H L P D O L L U B I T R R
B E L F L U R A O O B E A Z O A R Y M T
A B Y F I N A M N P I C R H C R R B A G
R O F E A A Z M D E G A D I M N O O N Z
D R O J B E Y O I Y N N F A O E H O S G
I N R D E P K M E E A E I N O Y E P L H
L L T N L M A F B N T M L D L G H E A H
B O H A T I T K I H E E L L B O T D G J
E S N T E X E V E S S H M O S O R I O J
R E Y T E O L A I K K T O I P G A C O H
T R G U B A T V Z I T S R S I L G K N C
K H G M C H K G A R F I E L D E A T N E
P R I N C E V A L I E N T D E P H R A E
E T Z L F U N K Y W I N K E R B E A N G
X D I F O D R A Z I W E H T M T N C C N
D F Y R U B S E N O O D I C A T H Y Y Y
F O X T R O T V O V S A N A N O B E Q C

BARNEY GOOGLE
BEETLE BAILEY
BETTY BOOP
BIG NATE
BLONDIE
BLOOM COUNTY
BO NANAS
CALVIN AND HOBBES
CATHY
DENNIS THE MENACE
DICK TRACY
DILBERT
DOONESBURY
DRABBLE
FAMILY CIRCUS
FOXTROT
FUNKY WINKERBEAN
GARFIELD
GEECH
HAGAR THE HORRIBLE
HEATHCLIFF
HI AND LOIS
KRAZY KAT
LUANN
MALLARD FILLMORE
MARMADUKE
MOMMA
MUTT AND JEFF
NANCY
PARDON MY PLANET
PEANUTS
POPEYE
PRINCE VALIENT
SALLY FORTH
SHERMANS LAGOON
SPIDERMAN
THE BORN LOSER
THE WIZARD OF ID
ZIGGY
ZITS

Solution on page 181

World Wide Web

M Y Z G I O T D K D F D X K E T F D I G
W F P T B G I W T V Z T S A C D O P I S
X T A X Q U P L O A D E V L B C N S I K
Z N R E E M A N N I A M O D Y V N W M X
B K O T Q U D I U R L W E B P A G E T I
U A T R I Y D B C E T T E U Q I T E N N
K B A E B M R H P U O R G S W E N Z N E
A R G P L P E W E B S I T E L P P A H R
P Z I Y O N S W E P A W D U D R A C E R
J J V H G B S B A N D W I D T H A S S U
T G A I B J P C M R Y W N L H P W Z T E
A T N P X P E O E D N A B D A O R B D B
T E H A A X D F E X S E A W R D D V E X
R N M S Y E O A F M P E R B S C U G R I
Y R S S M Y R F O B A L R C C I A S O M
T E P W O V R Z E L E I O V O P T T H W
Y T D O G E I R B R N Z L R E O Z H W B
F N R R V L F W E C I W O M E R K H N J
Y I T D L Y E S V J T F O S O R C I M Z
S A F A R I I C S A S H P D N S F V E L

APACHE
APPLET
ASCII
BANDWIDTH
BLOG
BROADBAND
BROWSER
COOKIE
CYBERSPACE
DNS
DOMAIN NAME
DOWNLOAD
DSL
EMAIL
EXPLORER
FIREFOX
FTP
HOMEPAGE
HTTP
HYPERTEXT
INTERNET
IP ADDRESS
JEFF BEZOS
JERRY YANG
MICROSOFT
MODEM
MOSAIC
MOZILLA
NAVIGATOR
NETIQUETTE
NEWSGROUP
PASSWORD
PODCAST
SAFARI
SEARCH ENGINE
SERVER
TIME WARNER
UPLOAD
URL
WEB PAGE
WEBSITE
WWW

Solution on page 182

Turn on the TV

Y D S T R A V E L C H A N N E L U H K A
J M W J I N S P E C T O R G A D G E T M
X F O S U G B T K R T G S E O R E H B E
S G D T C D F O H E L R B A R N E Y I R
F S A F A R G Z B E E Z U K M L P U G I
R U H A N N U E J T W R R G E M S N B C
O N S M I P A B J E H O C A R M Y Q R A
C D K I R T B S S U P E R S T A T I O N
N A R L B C O P Y E D N B L N S T V T I
E N A Y A S N T J E I Y V U D O I S H D
N C D G S N R J H N R B S L I T S N E O
T E G U I D I N G L I G H T P L U W R L
O C V Y Q J A C K A S S A L L A D R A B
U H W E A T H E R C H A N N E L X E N D
R A S O N A R P O S E H T I S I O T R S
A N L E N N A H C R O O D T U O F N V T
G N D N N A T O D A Y S H O W L X T S U
E E E L L I V L L A M S U R V I V O R C
L L V T H C E T R Q N E G Y X O L H B G
O O D Y B O O C S E I B B U T E L E T H

AMERICAN IDOL
AS THE WORLD TURNS
BARNEY
BIG BROTHER
BOB THE BUILDER
DALLAS
DARK SHADOWS
DAWSONS CREEK
ENCORE
ENTOURAGE
ESPN
FAMILY GUY
FOX
GREYS ANATOMY
GUIDING LIGHT
HBO
HEROES
INSPECTOR GADGET
JACKASS
JUDGE JUDY
LOST
MSNBC
MTV
OUTDOOR CHANNEL
OXYGEN
PAX TV
RUGRATS
SABRINA
SCOOBY DOO
SCRUBS
SMALLVILLE
STARZ
SUNDANCE CHANNEL
SURVIVOR
TBS SUPERSTATION
TECHTV
TELETUBBIES
THE LEARNING CHANNEL
THE SOPRANOS
TNT
TODAY SHOW
TRAVEL CHANNEL
WEATHER CHANNEL

Solution on page 182

Costume Party

F H I P H P H C T I W K M U M M Y A A U
H S P I D E R M A N A M E R I F R F J O
V P S N W A L L I R O G E R A L I E N N
A U O I M U G W S S E C N I R P A E I K
O J U L Z D U E T T O B O R E J F H N N
P U T B I U B R S K E L E T O N S S X M
U S H O N C Z E O L E G N A Y S X N W S
M O E G C D E W H T U A N O R T S A O N
P E R S R I B O G A M U B Z D K E B R U
K L N Y E E U L F T O W V A D X T R C R
I V B E D G M F A F O G A R G O Y L E S
N I E S I I B B K C I D C V A M P I R E
A G L H B C L C N O C C H B Y Y D Z A T
M Y L T L I E A R E P A E R M I R G C D
G K E O E N B V K Y N A M R O L I A S S
N A W M H R E I D L O S L Z O M B I E I
A N J S U P E R M A N L H K C O L R A W
H E A D L E S S H O R S E M A N I S Y S
Y N M W K S N Y J H L C A V E M A N R H
S S V I W G W Z G I J V T L W U J Z F Q

ALIEN
ANGEL
ASTRONAUT
BANSHEE
BATMAN
BUMBLE BEE
CARE BEAR
CAVEMAN
CLOWN
FAIRY
FIREMAN
GARGOYLE
GHOSTS
GOBLIN
GORILLA
GRIM REAPER
HANGMAN
HEADLESS HORSEMAN
INCREDIBLE HULK
JAILBIRD
MOTHS
MUMMY
NINJA
NURSE
POLICE OFFICER
PRINCESS
PUMPKIN
ROBOT
SAILOR MAN
SCARECROW
SKELETON
SOLDIER
SOUTHERN BELLE
SPIDERMAN
SUPERMAN
URBAN COWBOY
VAMPIRE
WARLOCK
WEREWOLF
WITCH
ZOMBIE

Solution on page 182

Board Games

H Y C S M O D G N I K E L B B A R C S K
Y C R A N I U M A S T E R M I N D G S T
S R E E R A C B A C K G A M M O N I S D
I P L D W O K K N O R A R I I A R T A C
C C X M L P G E A T L A N T I S C E I O
I S P O Y E P R S L C A R R O M H V A G
D T I U S R U P L A I V I R T K I G K E
E O C S O A Y L R N N F E Q C L N N Q T
M C T E P T C U E D Y D E O I E E O C A
R K I T P I D N T Y I M L Z J L S I B R
M T O R I O N K S A Y B A A B G E T A T
U I N A H N A S I R J T O U D Y C C T S
E C A P Y M L S W D I M O B R D H E T A
K K R T R O Y E T O S R A R D E E F L M
P E Y C G N D H N S T S O H G J C R E U
B R A Z N O N C R O S S T R A C K E S R
F B D I U P A R C H E E S I I L E P H A
A W Y E H O C O N N E C T F O U R E I I
W G A X C L Y J Z I U Q R E P U S H P Z
Y M P X L Y O O R A K C U B J U N T A Q

ATLANTIS
BACKGAMMON
BATTLESHIP
BLOCKHEAD
BUCKAROO
CANDY LAND
CAREERS
CARROM
CHESS
CHINESE CHECKERS
CIVILIZATION
CONNECT FOUR
CRANIUM
CROSSTRACK
GHOSTS
HUNGRY HIPPOS
JENGA
JUNTA
KERPLUNK
KINGDOMS
LIFE
MASTERMIND
MEDICI
MONOPOLY
MOUSE TRAP
OPERATION
PARCHEESI
PAY DAY
PERFECTION
PICTIONARY
RAIL BARON
RISK
SAMURAI
SCOTLAND YARD
SCRABBLE
SNAKES AND LADDERS
SORRY
STOCK TICKER
STRATEGO
SUPER QUIZ
TAJ MAHAL
TRIVIAL PURSUIT
TROUBLE
TWISTER

Solution on page 182

Game Shows

I	R	O	V	G	W	F	A	M	I	L	Y	F	E	U	D	R	M	I	T
F	B	G	V	N	B	M	A	T	C	H	G	A	M	E	A	Q	U	V	E
R	E	N	U	T	T	A	H	T	E	M	A	N	T	O	P	K	C	A	J
T	A	I	T	S	U	P	E	R	M	A	R	K	E	T	S	W	E	E	P
H	T	L	O	Z	L	O	V	E	C	O	N	N	E	C	T	I	O	N	E
E	T	L	T	W	A	R	D	R	O	E	S	O	L	N	I	W	W	D	L
J	H	H	E	D	H	D	E	A	L	O	R	N	O	D	E	A	L	R	A
O	E	G	L	E	N	U	T	R	O	F	F	O	L	E	E	H	W	O	E
K	C	U	L	R	U	O	Y	S	S	E	R	P	Q	F	C	Q	S	W	D
E	L	O	T	K	Y	Y	R	O	L	E	H	C	A	B	E	H	T	S	A
R	O	D	H	O	L	L	Y	W	O	O	D	S	Q	U	A	R	E	S	E
S	C	C	E	F	I	L	R	U	O	Y	T	E	B	U	O	Y	K	A	K
W	K	A	T	H	G	I	R	S	I	E	C	I	R	P	E	H	T	P	A
I	P	T	R	I	F	T	H	E	D	A	T	I	N	G	G	A	M	E	M
L	Y	C	U	A	O	P	K	N	I	L	T	S	E	K	A	E	W	U	S
D	R	I	T	E	C	O	N	C	E	N	T	R	A	T	I	O	N	K	T
E	A	T	H	H	T	H	E	N	E	W	L	Y	W	E	D	G	A	M	E
E	M	M	C	Z	D	S	R	E	L	L	O	R	H	G	I	H	R	Q	L
R	I	S	K	R	A	H	S	D	R	A	C	W	O	H	S	G	N	O	G
G	D	W	K	X	D	O	U	B	L	E	D	A	R	E	L	F	F	A	B

BAFFLE
BEAT THE CLOCK
CARD SHARKS
CONCENTRATION
DEAL OR NO DEAL
DOUBLE DARE
FAMILY FEUD
GONG SHOW
GREED
HIGH ROLLERS
HOLLYWOOD SQUARES
JACKPOT
LETS MAKE A DEAL
LINGO
LOVE CONNECTION
MATCH GAME
NAME THAT TUNE
PASSWORD
PRESS YOUR LUCK
PYRAMID
SHOP TILL YOU DROP
SUPERMARKET SWEEP
THE BACHELOR
THE DATING GAME
THE JOKERS WILD
THE NEWLYWED GAME
THE PRICE IS RIGHT
TIC TAC DOUGH
TO TELL THE TRUTH
WEAKEST LINK
WHEEL OF FORTUNE
WIN LOSE OR DRAW
YOU BET YOUR LIFE

Solution on page 182

Star Wars

N M A R K H A M M I L L E D I S K R A D
R N J E D I V B O U N T Y H U N T E R S
E I Y D O C R E D N A M M O C R K O W E
B K R I R A F A T S U M V M E I S M S E
A R E A E L B B I B O I S K N A U L J T
S A S R O T A N O T E D L A M R E H T H
T T A N I P S E B R U A M U O I S Z K R
H R R A X W I N G N W T E L N E R X E E
G O F K Q S S L W Y R L A A L E R J N E
I N H S Q I A O K O L V D T T T A O N P
L R G U U R R S P J R Y O S D H F E Y I
H E A T E B E E A O N O A R Y K A L B O
A V L N L K I C L O N L N Q O O D E A W
B O E I U L K L H S B S T Y L T N D K E
O G H L A S E T Y D S V H E L H O G E N
G P S T O C N S R A L G G I E L C E R L
A K A N N A D M I R A L A C K B A R O A
D N C A P T A I N P A N A K A V N T R R
P I H S R A T S L A Y O R J J H O O F S
L C K A M I N O R O T P E C R E T N I O

ADMIRAL ACKBAR
ANTHONY DANIELS
BESPIN
BLASTER
BOUNTY HUNTER
CAPTAIN PANAKA
CHANCELLOR VALORUM
CLEIGG LARS
COMMANDER CODY
DAGOBAH
DARK SIDE
EETH KOTH
EWOK
GENERAL GREIVOUS
GOVERNOR TARKIN
INTERCEPTOR
JAKE LLOYD
JEDI
JOEL EDGERTON
KAMINO
KENNY BAKER
LIGHT SABER
LUKE SKYWALKER
MARK HAMMILL
MUSTAFAR
NATALIE PORTMAN
ONACONDA FARR
OWEN LARS
PHIL BROWN
ROYAL STARSHIP
SAMUEL L JACKSON
SEE THREEPIO
SHELAGH FRASER
SIO BIBBLE
SY SNOOTLES
THERMAL DETONATOR
TUSKAN RAIDER
X WING

Solution on page 182

The Wonderful World of Disney

D P T O E N I A I N S B T H S E K K Y Q
U N C L E S C R O O G E E O R S C M E E
E E V I L Q U E E N S A K X A K U Q P Z
Y S E L U C R E H U T U C S C R D N O C
J U N G L E B O O K I T I E I A D O D P
S O P G A D B M W C N Y R L N P L I O G
K M Q L C M Y A V U K A C B D E A T M H
S Y G I U H L S X D E N Y I E M N A E H
E E R D T T N B O Y R D N D R E O M N A
B K U O T E O O T S B T I E E H D I G Z
A C M S E P W H A I E H M R L T N N N T
S I P Z M Y G U S A L E I C L K A A I I
T M Y U L I X F I D L B J N A K R Z D G
I W L L L O L S Y T H E L I O N K I N G
A A O Z A O A F T S Q A R E H P O G I E
N H Z T U T O I D U T S M H Y N S D F R
J U G N N O L E I R A T G T H U M P E R
B C D A G E V I L S T E P M O T H E R I
G E F T H O X D N A P R E T E P J V Y W
R E T T A H D A M K Y K Q V K E J G Z X

ANIMATION
ARIEL
BEAUTY AND THE BEAST
BUZZ LIGHTYEAR
CARS
CINDERELLA
DAISY DUCK
DONALD DUCK
DOPEY
DUEY
DUMBO
EVIL QUEEN
EVIL STEPMOTHER
FANTASIA
FINDING NEMO
FLOUNDER
GOOFY
GOPHER
GRUMPY
GUS
HERCULES
HOLLYWOOD
JIMINY CRICKET
JUNGLE BOOK
KANGA
MAD HATTER
MICKEY MOUSE
MULAN
PETER PAN
PLUTO
SEBASTIAN
SNEEZY
STUDIO
THE INCREDIBLES
THE LION KING
THE LITTLE MERMAID
THEME PARKS
THUMPER
TIGGER
TIMOTHY MOUSE
TINKERBELL
UNCLE SCROOGE
WALT

Solution on page 182

Musical Words

Y	K	Y	N	I	I	L	B	E	L	O	C	T	A	V	E	W	H	T	V
W	Y	S	M	R	F	E	T	Z	S	U	L	R	H	Y	T	H	M	A	F
F	J	K	K	C	F	E	F	P	R	F	E	W	A	G	X	O	A	C	V
K	I	A	Y	H	M	G	M	D	Z	K	M	Z	G	O	T	X	R	C	I
X	N	Z	N	P	Z	L	Y	A	L	H	I	T	B	U	O	F	R	O	P
B	S	V	O	D	C	J	S	M	P	Y	T	H	B	C	N	H	A	M	N
C	T	M	Q	F	A	H	Y	P	Q	A	Y	O	S	E	E	M	N	P	N
L	R	R	E	M	X	N	O	Z	A	G	Q	C	U	A	A	R	G	A	O
E	U	C	E	L	C	D	T	R	P	I	E	U	G	N	W	T	E	N	T
F	M	B	R	D	B	N	I	E	D	R	L	R	T	O	G	T	M	I	E
X	E	O	A	G	J	E	P	B	B	D	F	B	S	I	Z	T	E	M	P
W	N	R	D	S	G	L	R	M	B	R	E	Z	E	T	R	C	N	E	E
F	T	N	Y	N	S	A	I	T	O	K	R	S	R	I	T	C	T	N	F
G	A	Y	I	V	E	T	H	N	P	E	M	O	V	S	Y	T	A	T	E
E	L	K	T	Y	I	C	D	A	O	P	A	U	L	O	W	G	G	R	M
E	P	E	V	N	N	O	S	T	R	T	T	N	A	P	F	Q	O	E	D
Q	I	Z	G	Q	R	B	S	E	H	M	A	D	R	M	U	C	L	A	U
K	U	E	B	V	A	E	Z	Z	R	U	O	K	G	O	S	O	F	B	E
J	O	Y	N	W	R	M	F	M	C	C	M	N	O	C	D	R	C	J	T
W	I	N	S	P	H	N	I	L	A	C	O	V	Y	Y	E	T	R	O	F

ACCOMPANIMENT
ANDANTE
ARRANGEMENT
BASS
BEAT
CHORD
CLEF
COMPOSITION
CRESCENDO
DUET
FERMATA
FORTE
HARMONY
INSTRUMENTAL
LARGO
MELODY
NOTE
OCTAVE
PRESTO
REST
RHYTHM
RONDO
SCORE
SOUND
TEMPO
TIMBRE
TIME
TONE
TREBLE
VOCAL

Solution on page 183

Popular Bands

C I R Y O A W V C N O O E I D N O L B L
T A E F E L T T I L P T H E E A G L E S
L J M A X C Q V R O L P S D F A E D W Z
D A E D L U F E T A R G I O L L Z R K X
Q C U F O R E I G N E R Q U E E N Y B B
M Q R R F O X E F P T H Q J P Q S E W F
A U Y T H E W H O F K Y L P P U S R I A
Z Z T O P A R T R I D G E F A M I L Y E
U I H S I N X S E Y C L W H R D K O D R
I L M R N D A C O E I F D N D U R G V O
A S I Z P L I L S N L N K G M R A A D S
C S C H A L F R P Y A F C W V A W C P M
I Q S B O K I P E B L I I M X N F I A I
L D A P N G E N E S I S R O O D E H T T
L M E I M P R H D C T A T P K U W C B H
A H P V P U T O W Q F R P A L R V X W L
T S X P O H B L A C K S A B B A T H M N
E U M J U I H R G Y K I E I J N N G E W
M R G J E C Q J O S O V H Q T R E E L O
A V H V J S R U N D M C C S A S N A K J

ABBA
AEROSMITH
AIR SUPPLY
ALABAMA
BLACK SABBATH
BLONDIE
BREAD
CHEAP TRICK
CHICAGO
DEF LEPPARD
DEVO
DIRE STRAITS
DURAN DURAN
EURYTHMICS
FLEETWOOD MAC
FOREIGNER
GENESIS
GRATEFUL DEAD
HEART
INXS
JEFFERSON AIRPLANE
JOURNEY
KANSAS
KISS
LED ZEPPELIN
LITTLE FEAT
METALLICA
PARTRIDGE FAMILY
PINK FLOYD
QUEEN
REM
REO SPEEDWAGON
RUN DMC
RUSH
THE BAND
THE DOORS
THE EAGLES
THE POLICE
THE WHO
WHAM
YES
ZZ TOP

Solution on page 183

Musical Instruments

B B Q U O P T H X V V I O L A P R A H F
O K U O O R V Y H A R M O N I C A Z V M
X N Z G U J L C A N I T R E C N O C U T
T A A M L O I Y E E N A F Q Z I E R A J
K E P I P E Y M F L Z I D I N P D M N G
T E N H P O M B N L F K T A O E B O N O
T U O I R H U A G E B H P I R O I R S S
V N B N R H L L L S E M L A U D O Y A B
E I F A A A L S I R I L N R R H N X E S
X X B L Q G L A S T A S I O H T O L T S
C M C R U T R C H C W N C C H P L C R A
S A U H A T Z O H X E C N E H S X Q C B
M E S R I P E W O L A E S O V I O L I N
B A P T D M H U R M R I N P I C C O L O
A R N I A O E O N F Z E D U L C I M E R
S B A D P N G S N E F L U G E L H O R N
S A E T O G E N R E E N O B M O R T E J
O N B R I L A T O U K U L E L E F N C D
O J M E Y U I B S B E L T S I H W O D D
N O Z A U L G N P G J X O L L E C F Y I

ACCORDION
BAGPIPES
BANJO
BASS
BASSOON
BELLS
BONGO DRUM
BUGLE
CALLIOPE
CASTANETS
CELLO
CHIMES
CLARINET
CONCERTINA
CYMBALS
DULCIMER
ENGLISH HORN
FIFE
FLUGELHORN
FLUTE
FRENCH HORN
GUITAR
HARMONICA
HARP
KAZOO
LYRE
MANDOLIN
ORGAN
PIANO
PICCOLO
SAXOPHONE
SNARE DRUM
SYNTHESIZER
TAMBOURINE
TIMPANI
TROMBONE
TRUMPET
TUBA
UKULELE
VIBRAPHONE
VIOLA
VIOLIN
WHISTLE
XYLOPHONE
ZITHER

Solution on page 183

Classical Music

R L I P H L K I J T H E F T R B F P O X
E X N A U A O P N O E B D O H F L R A A
R I N R K Q G F S S O T T U K E T Z C P
B O A H C S M U R D T C N C L S M W R E
O N R Y I O P I U I U R H I E R J E P M
L C R E N R V V A D W A U A U P E E F N
A P A Q O D V E N R R T M M V Q R T E P
C Q N U M Q O O R M T W N R E C G Y N K
O K G A R C C S O T F S E E U N E Y V I
V K E R A M H N Y Y U B E S M M T Q P O
G E M T H E Y O U M M R S H E E V A G T
O J E E L Q B R R A P I E L C R V K L R
V R N T I O S D H A O H F L Z R O O L E
G X T L H W R C A N L D O M Q T O C M C
P L F F P R E S O P M O C N T R D T S N
P A S S A G E M E L O D Y F Y E N N P O
H D B W J S T R I N G D M I H C W H A C
Z C I U W P E N S E M B L E A N C S R B
Q N Y Q K Z V S O N A T A O V O P A Q G
D T G B H P X S Z I N K L S V C P N W R

ARRANGEMENT
BAND
CHAMBER
CHORAL
COMPOSER
CONCERT
CONCERTO
CONDUCTOR
DRUMS
ENSEMBLE
HARMONY
INSTRUMENTAL
INTERLUDE
MAESTRO
MELODY
MOVEMENT
ORCHESTRA
OVERTURE
PASSAGE
PERCUSSION
PHILHARMONIC
QUARTET
QUINTET
SCORE
SONATA
STRING
SYMPHONY
THEME
VOCAL
WIND

Solution on page 183

Jazz Musicians

K E C D I G X K E I S A K N A A L N T L
P I F T J N H C I D I E C O R R E O O W
U P L R S O N O S L V R E T T T S S M K
D S S S I R O C A A A O B N B I T K M Y
L E E Z L T T N B R D C U E L E E C Y R
I L N Z A S G A T E S K R K A S R A D E
O L A B S M N H N G E C B N K H Y J O K
N I R I R R I E U Z L I E A E A O T R R
E G T L A A L I O T I H V T L W U L S A
L Y L L M S L B C I M C A S Y U N I E P
H Z O I D I E R G F K T D C H R G M Y E
A Z C E R U E E M A B I L L E V A N S I
M I N H O O K H J L M U T A T T R A N L
P D H O F L U D K L S T A N G E T Z D R
T A O L N C D A X E O O V C I A J J F A
O U J I A O R N E T T E C O L E M A N H
N V I D R K N O M S U O I N O L E H T C
R V A A B W Y N T O N M A R S A L I S V
H D E Y B E N N Y G O O D M A N S I L T
T E O P F H O E K E N N Y C L A R K E U

ART BLAKELY
ART TATUM
ARTIE SHAW
BENNY GOODMAN
BILL EVANS
BILLIE HOLIDAY
BRANFORD MARSALIS
CHARLIE PARKER
CHICK COREA
COUNT BASIE
DAVE BRUBECK
DIZZY GILLESPIE
DUKE ELLINGTON
ELLA FITZGERALD
HERBIE HANCOCK
JOHN COLTRANE
KENNY CLARKE
LESTER YOUNG
LIONEL HAMPTON
LOUIS ARMSTRONG
MILES DAVIS
MILT JACKSON
ORNETTE COLEMAN
STAN GETZ
STAN KENTON
THELONIOUS MONK
TOMMY DORSEY
WYNTON MARSALIS

Solution on page 183

Country Music

ANNE MURRAY
BARBARA MANDRELL
CHARLIE DANIELS
CHARLIE PRIDE
CHARLIE RICH
CONWAY TWITTY
CRYSTAL GAYLE
DOLLY PARTON
DWIGHT YOAKAM
EMMYLOU HARRIS
GARTH BROOKS
GEORGE STRAIT
GLEN CAMPBELL
HANK WILLIAMS
LARRY GATLIN
LORETTA LYNN
MERLE HAGGARD
PORTER WAGONER
RANDY TRAVIS
REBA MCENTIRE
RONNIE MILSAP
ROSANNE CASH
ROY CLARK
TAMMY WYNETTE
TANYA TUCKER
WAYLON JENNINGS
WILLIE NELSON
WYNONNA JUDD

Z L W S D P B H A N K W I L L I A M S M
L O P I O Q A G E O R G E S T R A I T E
H R A V L S R R W K D C X Y W L C W F R
D E E A L I B O T P D R C A I A R I T L
Q T T R Y R A S A A U Y H R L R G G H E
G T T T P R R A N S J S A R L R F O R H
L A E Y A A A N Y L A T R U I Y Y E E A
E L N D R H M N A I N A L M E G T R N G
N Y Y N T U A E T M N L I E N A T I O G
C N W A O O N C U E O G E N E T I T G A
A N Y R N L D A C I N A D N L L W N A R
M X M G O Y R S K N Y Y A A S I T E W D
P J M L H M E H E N W L N M O N Y C R R
B O A B T M L Q R O Z E I E N X A M E O
E E T M T E L Y H R U F E L B Z W A T Y
L H C I R E I L R A H C L H A H N B R C
L G A R T H B R O O K S S H T S O E O L
O Z S G N I N N E J N O L Y A W C R P A
C H A R L I E P R I D E V E T S C H X R
K T L M A K A O Y T H G I W D M E Q M K

Solution on page 183

Opera

O C D I V A J W F M I E O E E E Q A L R
K O Q V I B R A T O O R O N L A I R A E
P M K G T Z T E W L L O E P A A K M M G
E P I N M Q T E A Y A C R J E R N B V N
R O T C M G W C R R P N S A Q M P I F I
G S A N S D I I T P E E L A C O V O F S
O E L B Z S C S U J M S F S T A G E S O
L R I U U X E P C O M P O S I T I O N A
E B A M U H R Z Q O Y E N C G T S K N T
S Z N S C E Y B X Q P F N R H T E N R H
I Q U R L O W B D I J E A O A O O U O E
O K O U L O F M D I F N R C T D R R D A
T X D O X S G R D A D A C A A I T U T T
T E S M Y R E N O I M A L M H S R E S R
E A I K E V U Q O D T A I S E O N A H I
R Z F J E N G S R O N R R A E O U A B C
B L H T V M E K V H P C M D R T N S R A
I Y N J C R N E N S E M B L E D T O E L
L O T B A R O Q U E G I C F E R K O J Q
M N B U M F S G Y C Y H M L E R O C S D

ARIA
BARITONE
BAROQUE
CHORUS
COMPOSER
COMPOSITION
DIVA
DRAMA
DUET
ENCORE
ENSEMBLE
FALSETTO
FINALE
GRANDIOSE
HANDEL
ITALIAN
LIBRETTO
LYRIC
MAESTRO
MONTEVERDI
MUSICAL
OPERA HOUSE
ORCHESTRA
PERGOLESI
PRELUDE
PRIMA DONNA
SCORE
SINGER
SOLO
SOPRANO
STACCATO
STAGE
TENOR
THEATRICAL
VIBRATO
VOCAL

Solution on page 183

Song Writers

ALAN JAY LERNER
BURT BACHARACH
CAROL BAYER SAGER
CAROLE KING
COLE PORTER
DAVE STAMPER
FATS WALLER
FREDERICK LOEWE
GEORGE GERSHWIN
HOAGY CARMICHAEL
IRA GERSHWIN
IRVING BERLIN
JOHN LENNON
JOHN STROMBERG
JOHNNY MERCER
LEONARD BERNSTEIN
LORENZ HART
NEIL SEDAKA
OSCAR HAMMERSTEIN
PAUL MCCARTNEY
RICHARD RODGERS
SMOKEY ROBINSON
STEPHEN FOSTER
STEPHEN SONDHEIM
STEVIE WONDER

N I L R E B G N I V R I A K D X N N L Q
I B R E P M A T S E V A D N Z Y I A L V
N I W H S R E G A R I J K C W A E O W B
M W G N I K E L O R A C R T B B T S D F
I J O H N S T R O M B E R G R B S A L R
E R E T R O P E L O C R T C T U N L E E
H Q A Y E N T R A C C M L U A P R A A D
D N O N N E L N H O J W O X F O E N H E
N S M O K E Y R O B I N S O N Q B J C R
O V T R A H Z N E R O L F L V M D A I I
S B O U N E I L S E D A K A W Z R Y M C
N F B F R E L L A W S T A F W T A L R K
E C A R O L B A Y E R S A G E R N E A L
H S T E P H E N F O S T E R X C O R C O
P Z R E D N O W E I V E T S L R E N Y E
E J O H N N Y M E R C E R N U Z L E G W
T N I E T S R E M M A H R A C S O R A E
S R T E N I W H S R E G E G R O E G O P
R I C H A R D R O D G E R S E I M J H R
L W T O R I H C A R A H C A B T R U B O

Solution on page 183

Play Jazz

R O U C H E H E H E U C Q B N L C N L H
F H C F J C E F C N P U H J E Y X V B D
A A Y V W T E N G R J I B R C B N F R H
Y M E T H I E P O I D R N S O O O L I E
E G V Z H D Q G Q O T X G T I M W P D L
O V O J A M R H E N I N C T E L A I G Y
R D O C W E L V I J I H A D D R P T E T
C E R U S L T K R S B S S O A R L M I S
N L G S O O P E A K I B W U L B E U H C
D H I O Z Y R R V V E F I B L O P T D F
L O C Z X L H O O A F N N L A K M H E E
N O X Z D P B R T I O T G E B T U A S M
C V S J K P P L R I B X T T T U J R C O
D H B M I M F G T D K D R I O N N M A L
M C O F I B H A D R O H C M N E M O L O
D E D P L K L N O I S U F E E S D N E S
B H L U S U E T A P O C N Y S R R I S T
U A E O D S E G N A H C D R U M F C G H
X S S O D H O R N A Z O Y B O O G I E U
P N M S N Y B Z F E V C T U N E J H R T

BALLAD
BASS
BEAT
BEBOP
BLUES
BOOGIE
BRIDGE
CADENCE
CHANGES
CHOPS
CHORD
CHROMATIC
COOL
DOUBLE TIME
DRUM
FUSION
GROOVE
HARMONIC
HORN
IMPROVISATION
INTERLUDE
JUMP
MELODY
METER
MODULATION
PHRASING
PROGRESSION
RHYTHM
RIFF
SCALE
SOLO
STYLE
SWING
SYNCOPATE
TONE
TUNE
TUNES

Solution on page 184

Musical Genres

I A L G P J T Q J P U P X W O M S F R O
S X I M P R O V I S A T I O N L L A W W
I N V Q D E L A W F J L W P A A G B E W
B A R B E R S H O P L J A C J T O D Q C
C O D H Z Z A J A S S A I R I Y D B H E
O K C O R J Z Y H O X S M M O I Z I J U
U B F B G S P J M M U I E E N H L C A Q
N D V A D I G O T M K K B G N D C I K O
T X A A L T E R N A T I V E R C R N S R
R A X N E A G G E R F W P E Z A O O O A
Y R R H C F W Y L Z B X N O P H A R R B
B Y X E G E G H V H J S P R P R G T C V
G K X J P D N A B G N I H C R A M C H T
E B W P E O L A N O S A E S D P T E E N
O S U O I G I L E R C B E I O N S L S E
F G B L U E G R A S S T G H E N E E T I
Q I N H F X V O X C H I P I L K U P R C
A T L A Y I W W F N T I B P C A L Y A N
L U J M T F I P I A H M E Y D N B K L A
S P M K L O F C L Q A C H A M B E R H L

ALTERNATIVE
AMBIENT
ANCIENT
BARBERSHOP
BAROQUE
BLUEGRASS
BLUES
CHAMBER
CHILDRENS
CHORAL
COUNTRY
DANCE
DIGITAL
ELECTRONIC
ETHNIC
FILM
FLAMENCO
FOLK
HIP HOP
IMPROVISATION
JAZZ
MARCHING BAND
MUSICALS
OPERA
ORCHESTRAL
POP
RAGTIME
RAP
REGGAE
RELIGIOUS
ROCK
SEASONAL
SKA
TANGO
WEDDING

Solution on page 184

Rocking Around

I A J S Y E L R A M B O B D Y L A N Z A
V E O N I M O D S T A F O U R T O P S S
O R H W O W U Q L E D Z E P P E L I N I
J O N O D R E D N O W E I V E T S O P M
N S L R Y Y E L D A V I D B O W I E H O
O M E B B R U C E S P R I N G S T E E N
B I N S E R A T R E C N O C A H E V A A
D T N E A E I R M E L N O V E E E I V N
Y H O M C B J L E O O Y N G J L L F Y D
O R N A H K S K I T T I R B A T A N M G
L A K J B C I O P J H A E R M O D O E A
F Y S M O U U A O S T A A H E N N S T R
K C I H Y H L H I E T T F G S J E K A F
N H N P S C N T F L I N A R T O R C L U
I A G B C N I U E U I T N B A H B A M N
P R E I Y R L S G S S A B D Y N E J Z K
U L R C B D B I L L Y J O E L R K W Q E
N E A S E N O T S G N I L L O R D L H L
K S D A E H G N I K L A T D R U M S I O
H B D H Q O S M O K E Y R O B I N S O N

AEROSMITH
ARETHA FRANKLIN
BASS
BEACH BOYS
BEATLES
BILLY JOEL
BOB DYLAN
BOB MARLEY
BON JOVI
BRENDA LEE
BRITISH INVASION
BRUCE SPRINGSTEEN
BYRDS
CHUCK BERRY
CONCERT
DAVID BOWIE
DRUMS
ELTON JOHN
ERIC CLAPTON
FATS DOMINO
FOUR TOPS
GUITAR
HEAVY METAL
JACKSON FIVE
JAMES BROWN
JAMES TAYLOR
JERRY LEE LEWIS
JOHN LENNON
JOHNNY CASH
LED ZEPPELIN
PINK FLOYD
PUNK
RAY CHARLES
ROLLING STONES
SIMON AND GARFUNKEL
SINGER
SMOKEY ROBINSON
STAGE
STEVIE WONDER
TALKING HEADS
THE GRATEFUL DEAD
THE WHO

Solution on page 184

Music Composers

L K Z R S L I S Z T D E B U S S Y N H H
T A S U I L E B I S S U A R T S H C I S
Z R C K V I V A L D I T T A L R A C S C
J O H N P H I L I P S O U S A B V D E H
D V U T I B S H O S T A K O V I C H L U
A D M B I P I R A C H M A N I N O V O B
V Y A B R M O Z S O A X P R N Q H T G E
I N N E D A S H E T D Q U E O B A L R R
D N N I P U H D C T Y X C L T U E T E T
L E D N A H F M L J N S C H G N B G P C
A M E N D E L S S O H N I A N E X R Z H
N I E T S N R E B P G E N M I T B E B A
Z O I L R E B G D L J Y I B L T R B E I
B O C C H E R I N I X L R A L I U N E K
I Y E P E L G A R N L N N R E R C E T O
D P R E N R O H S E M A J B E B K O H V
R Y K S N I V A R T S O L E K J N H O S
E I Y C A K Q B W A G N E R U W E C V K
V N D U M O Z A R T O M M Y D O R S E Y
W L G Y S E G R I E G N V C O P L A N D

BACH
BARBER
BEETHOVEN
BERLIOZ
BERNSTEIN
BIZET
BOCCHERINI
BRAHMS
BRITTEN
BRUCKNER
CHOPIN
COPLAND
DAVID LANZ
DEBUSSY
DUKE ELLINGTON
DVORAK
ELGAR
GLENN MILLER
GRIEG
HADYN
HANDEL
JAMES HORNER
JERRY GOLDSMITH
JOHN PHILIP SOUSA
LISZT
MAHLER
MENDELSSOHN
MOZART
PERGOLESI
PUCCINI
RACHMANINOV
SCARLATTI
SCHOENBERG
SCHUBERT
SCHUMANN
SCOTT JOPLIN
SHOSTAKOVICH
SIBELIUS
STRAUSS
STRAVINSKY
TCHAIKOVSKY
TOMMY DORSEY
VERDI
VIVALDI
WAGNER

Solution on page 184

Philharmonic

L Z S P K B K Q I C Q Z P N U D A M K M
I D K H I N A P M I T E P M U R T B X V
P T A Q I R A T O U H L Q M U S F D U S
J R A E N O H P O L Y X S T R I N G S T
P O L V Y H D S F N R U M L N R V Z E C
B M A D N L E I P S N E K C O L G T O T
M B F O O E Z T F R E N C H H O R N E S
C O I R M G G N G W A K H J O A C B R N
I N S T R U M E N T S S W R U E A A E I
F E W S A L S M S Z I S G Q R N F S S A
V S B E H F O E R L W A I T D B U S O I
T O H A H W L G G W N B O N G O T O P F
R N C M S E O N Q E C E I P H T U O M R
I A E A C S E A S O L L E C W S H N O W
A T H M L J D R Y R E B M A H C S S C O
N A E T E N I R A L C U A G B E V A B H
G T J R C V U A U S C O N D U C T O R U
L I I C O V O F U M P D I I S I E U S B
E M E H T C Y M B A L S B G W G Y K L J
L M U S G W S U W G H T A D P O D R Y F

ARRANGEMENT
BAND
BASS DRUM
BASSOONS
BATON
BONGO
BRASS
CELESTA
CELLOS
CHAMBER
CLARINET
COMPOSER
CONCERTO
CONDUCTOR
CYMBALS
DOUBLE BASS
ENGLISH HORN
FLUGELHORN
FLUTE
FRENCH HORN
GLOCKENSPIEL
HARMONY
HARP
INSTRUMENTS
MAESTRO
MOUTHPIECE
MOVEMENT
OBOE
ORGAN
QUARTET
SCORE
SOLO
SONATA
STRINGS
THEME
TIMPANI
TRIANGLE
TROMBONE
TRUMPET
TUBA
VOCAL
XYLOPHONE

Solution on page 184

Music and Words

V P E Y F D Z U S Q Y L S V O C A L R F
H L U K D G U D O C D P B E T U D E P N
J C Q T T N J Y N A O L B Q S W N V G Y
E E W E G S U Z V E L F N A E U M M M Y
Y Y R T W C S O L V E N C O R E Y H D R
X Q I R K E U A S A M M O R P O H P I H
N T T O A N R H B T S T E Q O Z Q P G T
I M E F N G A U L C C T J X F D G U E Q
I Z U M O R T T T O S P A N D A N T E D
Y W D V P J T I U A D Y Z F B O N Y S S
R W A N M O O N M R N T Z S I I Q C S N
E S F H F G T T T E A G F T U N I A A M
L Z U C B R R R R E S L I Q N R R P O O
V E N Z Y E E O B U A S D S Y G O V U W
Q F I S C B C B D T O E V L E P E H V K
L E S N L S N P M P W U U U O M T O C I
H L O E U O L Z M A Z L L G E G I J E B
Y C N Y F F W O K R H B D N U C E T O N
O Y D R O T C U D N O C T I E F T O O O
H I H D O U K G O B P G N C H L C E Z B

ANDANTE
BAROQUE
BASS
BEAT
BLUEGRASS
BLUES
CHAMBER
CHORUS
CLEF
COMPOSITION
CONCERT MASTER
CONDUCTOR
COUNTRY
DUET
ENCORE
ETUDE
FLAT
FORTE
FUGUE
HIP HOP
HYMN
JAZZ
LARGO
LYRICS
MELODY
MOVEMENT
NATURAL
NOTE
OCTAVE
POP
PRESTO
QUINTET
RAGTIME
RAP
SCORE
SHARP
SOUND
TEMPO
TIME SIGNATURE
TREBLE
UNISON
VOCAL
VOICE

Solution on page 184

Let's Dance

W S O X D O M W O V Y H I F O X T R O T
F V F Z Q W A I Z G O U F R M V K C C S
P Z H O A N K Q Z K N S A M B A N X S I
L V Y P J L L A E C N A D K A E R B I W
I N V A O N O Y Q E Q R T T M L L Y D T
A B R O V H P N V G R S S A F P M L Q W
A E O F B O Y W F O V N L O A G M N Y T
Q S O F K M N N Z M O F X T N H O A H E
J I V E M Q I A N T E G N I D F C C I X
D P Y I N M S L S U L Y G M A M O N P A
B M H P I O M E I S B G R I N D N A H S
Z S Z D X O L Q M N O J E N G R G C O T
J I T T E R B U G L D B C U O U A K P W
V A O E A L E X C W O Y G E G H F M V O
I J S H R L S E A A S O D T C N D D I S
C P C L F A Y T L L A B M U R S E A X T
X Q D F A B U N F T P T H A W O Y R Y E
E R U L P S A Q U Z M Q U I C K S T E P
G H U B I J S D S H O Y N H V O B M A M
S H W N A D Q T Y M P G O S K B E A P Z

BALLROOM
BELLY
BOSSA NOVA
BREAKDANCE
BUNNY HOP
CANCAN
CHA CHA
CHARLESTON
CLOGGING
CONGA
DISCO
FANDANGO
FLAMENCO
FOXTROT
HIP HOP
HOKEY POKEY
HULA
JITTERBUG
JIVE
LIMBO
LINDY
MAMBO
MERENGUE
MINUET
PASO DOBLE
POLKA
QUICKSTEP
REEL
RUMBA
SALSA
SAMBA
SHIMMY
SHUFFLE
SQUARE
SWING
TANGO
TAP
TEXAS TWO STEP
TWIST
WALTZ
WATUSI

Solution on page 184

CHAPTER 9: **STORY TIME**

Written Words

P E V R E T I R W T S O H G E O R X T A
G O U T L I N E G A U G N A L E T S R P
S M E J L W F T O L P V P V T O I T W A
B S F T O Y O I O S U B M I S S I O N E
S K S M R U R R A M M A R G E C R S G S
A O R B L Y R W D N X W U H L K S T P O
K O N A I N O N X P T E T E S R T Y C R
F B T N N O Q E A P R H S H E T N L D P
E O H V E I G E I L D O O T A O E E R E
D X G H W T K R R E D P C L V N G G A N
N X I Z S I C C A N U A Y E O T A U M C
D T R N L S A S T P R Q L M S G E I A I
Q P W O E O H A W A H P I E E S I D T L
W H Y I T P M J H E U Y V T S M O E I Y
J L A T T M E C N E I D U A I B O R S R
D S L C E O Y A V C I V Y J C R H I T I
X T P I R C S U N A M I E L R K C V R C
Q O F F U S A E D I A R Y R E T S Y M S
W R K H K C P Z X F A Y U V X W E V U Y
C Y P U B L I S H C R A E S E R U U L V

AGENTS
ANTHOLOGIES
ARTICLES
AUDIENCE
BIOGRAPHY
BOOKS
CHARACTERS
COMPOSITION
CRITIQUE
DIARY
DRAMATIST
ESSAY
EXERCISES
FICTION
FORM
GHOSTWRITER
GRAMMAR
HACK
IDEAS
JOURNAL
LANGUAGE
LYRICS
MANUSCRIPT
MEMOIRS
MYSTERY
NEWSLETTER
NOVEL
OUTLINE
PENCIL
PLAYWRIGHT
PLOT
POETRY
PROSE
PUBLISH
RESEARCH
REVIEW
SCREENWRITER
SCRIPTWRITER
SONNET
STORY
STYLE GUIDE
SUBMISSION
THESIS
WORD PROCESSOR
WORKSHOP

Solution on page 185

Classics

A CHRISTMAS CAROL
A MOVEABLE FEAST
A PASSAGE TO INDIA
A ROOM OF ONES OWN
A TALE OF TWO CITIES
ANNA KARENINA
AS I LAY DYING
CANNERY ROW
CATCHER IN THE RYE
DEATH OF A SALESMAN
DON QUIXOTE
EAST OF EDEN
EMMA
FAREWELL TO ARMS
HAMLET
LOLITA
OF MICE AND MEN
OLD MAN AND THE SEA
PRIDE AND PREJUDICE
SUN ALSO RISES
THE GRAPES OF WRATH
THE GREAT GATSBY
THE PEARL
THE SCARLET LETTER
VANITY FAIR
WAITING FOR GODOT
WALDEN

M T E C I D U J E R P D N A E D I R P R
G F S I O W N X Z W N S T A S P R T Y E
G Y E A F F L E O L U E R L A Q H S W T
S P S B E K M R D N O O D I E E T A A T
K M N E J F Y I A E O L D L G I H E I E
A E R C I R E L C M F N I R A A E S T L
I N H A E T S L O E I O A T S W G E I T
V M I N O O I F B O A P T I A D R H N E
B A N N R T O C T A E N L S O H E T G L
T A N I E N L E O S E A D N A L A D F R
C E S I E R G L O W Y V Q M R E T N O A
Q E L S T A A F E D T U O A E G G A R C
S D O M S Y W K Y W I F E M U N A N G S
E W D S A R F I A X E P O K A X T A O E
N M A Z A H N A O N E R A E S O S M D H
O P M T G G V T I H N P A C L L B D O T
A Z H A O P E G T R O A W F R A Y L T F
B E Y R E H T N I R E H C T A C T O Y H
V A C H R I S T M A S C A R O L E A T P
U H B D E A T H O F A S A L E S M A N O

Solution on page 185

Harry Potter

A V F P S E L G G U M U D B L O O D J H
Y P H I L O S O P H E R S S T O N E C A
R V R H O G W A R T S U G A M I N A D R
I J N I C L C G G P E G Y L S T T T U R
P B I M S T E O T N O B Z I P J U H M Y
P U R Y C O I L D B B P E L M K O L B P
E T E S H G N D L O X R L Y I R R Y L O
R T H A C Y O E D A I L Y P R O P H E T
E E T T L Z T N R I S X O O E W S A D T
T R Y N I O A S A O U L G T P L Y L O E
T B L A F W I N N G F Q L T P I E L R R
O E S F C N Y I B A A A U E E N L O E A
P E I I V J N T L L P L Z R P G D W E V
S R G L O O H C S Q C E L K R S U S H E
E A T F A R C H C T I W I Z A R D R Y N
M A Z U T S E R O F N E D D I B R O F C
A L O H O M O R A H F A T F R I A R T L
J W I N K Y E L L A N R U T K C O N K A
U E L G R A N G E R S C A B B E R S P W
P E E V E S U B M I N S E E K E R E B R

ALOHOMORA
ANIMAGUS
BUTTERBEER
DAILY PROPHET
DEATHLY HALLOWS
DOBBY
DUDLEY
DUMBLEDORE
FANTASY
FAT FRIAR
FILCH
FORBIDDEN FOREST
GOBLET OF FIRE
GOLDEN SNITCH
GOYLE
GRANGERS
HARRY POTTER
HOGWARTS
J K ROWLING
JAMES POTTER
KNOCKTURN ALLEY
LILY POTTER
MAGIC WAND
MCGONAGALL
MUDBLOOD
MUGGLES
NIMBUS
OWLS
PEEVES
PEPPER IMPS
PHILOSOPHERS STONE
PRISONER OF AZKABAN
QUIDDITCH
RAVENCLAW
RIPPER
SCABBERS
SCHOOL
SEEKER
SLYTHERIN
SNAPE
SPELLS
SPROUT
WINKY
WITCHCRAFT
WIZARDRY

Solution on page 185

Greek Gods

G E V J S O E H O Y L C P Q N I K E S B
W T S N P T Q W B N J D Q B N Q Y P T U
G I S E Y S S N M D W N A H I G E R K X
P M C Q R S B I V U C P S U S Y N O I D
T V P R U A C S C M H M T A R E H P B A
B S G L E V Q S N R S E D A H Q O Y R K
A E Y U T T E A O S U E Z R Y S E N A P
R H N T H M E D P S U V G S E A T I S W
K E C Q R E I M U T Z C I I I K A H U V
A I R E S T S E E S H M D J N Q C W L H
Z I H I E U H T J D E O F X Y N E T O E
Z U E S N P T S I T N S U R U E H E E S
X E O G R Y I S R A S E L U C R E H A P
A R P O Y S E A E E N O H P E S R E P E
E Z M H E H H S R A O L L O P A A T S R
L Y T M Y Y R E H S H S I R E V T B U A
T C E L P R H E Z O I P F E Q A H R T S
Q N R N M T B L C K K R E H G V E W O R
A S O O E E M F E K K U I H Q A N Q N O
W S P A X D G S S A E R O B X V A G I M

AEOLUS
AETHER
APHRODITE
APOLLO
ARES
ARTEMIS
ATHENA
BOREAS
DEMETER
DIONYSUS
EOS
ERINYES
ERIS
EROS
EURUS
HADES
HEBE
HECATE
HEPHAESTUS
HERA
HERCULES
HERMES
HESPERA
HESTIA
HYGEIA
HYPNOS
IRIS
MORPHEUS
MORS
NEMESIS
NIKE
NOTUS
PAN
PERSEPHONE
POSEIDON
ZEPHYR
ZEUS

Solution on page 185

Aye Matey!

U U G Y N I T U M U S K E T G Q K T G S
I N H O Q E D U H G C K H L S F B D L A
N T F O K N P E T E R P A N T P M E D Q
T P H R S U O I L L E B E R E T S N O M
E G N F I D F E F V Y F M G V S A J O X
R T G I O E B D I L V K L A E Y W B W P
N Q L G V R N G R A N E W V I H D Q O O
A K Z H A D E D T A G B T D I A M O N D
T G X T G E C P L H E E R S E E P P E U
I T I E N A R P O Y I B K Z C D R R L C
O O Z R O T E X C R M E K E E R U A F R
N R W D R H D V T E Y T F C B S T I I W
A R S J T B R T O B H J K O A T V D R Y
L A D K S G U O O B O B Y E A L R E F W
L P L B U O M O H O C Y R C R K B R I Y
A A X B Y L I L S R T T K I S U R S E V
W Z S Y N D L E E S I H T Q G P Z K R R
X Y W Y D N I W A M K P Y Q E A N I C U
V C J T B K D N E J C A P T A I N L E C
N T Y L O I Z R A K A A T M S R E D P S

ATTACK
BATTLE
BLACKBEARD
BRIGAND
CAPTAIN
CELEBRATION
CREW
DEATH
DIAMOND
FIERCE
FIGHTER
GOLD
INTERNATIONAL LAW
LOOT
MONSTER
MURDER
MUSKET
MUTINY
NASTY
PARROT
PEG LEG
PETER PAN
POOP DECK
RAIDERS
REBELLIOUS
RIFLE
ROBBERY
ROPE
SCURVY
SEIZURE
SHOOT
SINK
SKULL
STRONG
THIEF
TIMER
TOOTHY
TREASURE
UNFRIENDLY
VESSELS
WALK THE PLANK
WHISKEY
WIND
WOOD

Solution on page 185

Authors

W	A	G	V	O	H	K	E	H	C	M	J	O	V	H	H	M	O	I	D
G	Y	T	F	Q	G	N	Y	K	S	V	E	Y	O	T	S	O	D	L	U
T	G	I	H	Z	G	G	P	K	T	S	O	A	L	O	T	M	M	O	O
J	W	D	Q	U	I	H	L	X	H	L	M	Z	Z	B	B	K	P	W	S
E	O	A	J	S	T	P	F	A	Z	W	W	A	Q	V	B	D	V	O	R
P	Q	Y	I	O	A	P	K	K	C	W	Y	A	Z	C	X	M	P	R	E
M	P	R	C	N	J	E	Q	E	V	D	J	Z	E	K	L	H	E	D	N
Q	J	Z	T	E	S	H	I	L	L	E	R	M	A	N	O	C	I	P	K
I	N	L	E	P	E	F	O	G	F	Q	L	N	N	C	U	C	N	O	L
P	K	R	E	N	L	L	T	J	R	W	W	Z	L	A	K	Y	A	E	U
T	J	A	E	O	N	P	L	U	H	K	V	E	H	E	D	C	M	E	A
C	R	S	O	E	R	L	S	I	A	E	S	C	N	G	A	N	T	S	F
E	B	W	T	O	N	H	L	S	V	S	M	S	P	O	R	A	I	P	T
I	O	S	U	N	D	L	H	E	W	L	I	I	M	W	N	L	H	I	O
H	U	S	A	I	I	I	O	U	W	I	E	M	N	Q	O	C	W	L	L
A	T	M	E	A	A	G	M	N	P	R	F	M	O	G	C	R	B	L	S
B	M	Y	N	O	K	R	E	J	Q	R	O	T	M	V	W	J	F	A	T
L	H	I	O	S	D	I	R	G	B	E	H	T	E	O	G	A	V	N	O
V	U	M	C	P	G	V	D	P	N	K	H	G	J	I	Q	E	Y	E	Y
R	P	P	T	R	R	U	R	E	L	D	N	A	H	C	A	K	F	A	K

ASIMOV
AUSTEN
CHANDLER
CHAUCER
CHEKHOV
CLANCY
CONRAD
DICKENS
DOSTOYEVSKY
FAULKNER
GOETHE
HEMINGWAY
HILLERMAN
HOMER
IBSEN
JOYCE
KAFKA
MANN
MELVILLE
ORWELL
POE
PROUST
RUSHDIE
SHAKESPEARE
SOPHOCLES
SPILLANE
SWIFT
TOLSTOY
TWAIN
VIRGIL
WHITMAN
WOOLF

Solution on page 185

Public Library

D M C H A I R S H E L V E S M Y W O S N
O U P E L R G P A T R O N R X E J F E K
V I D E O S T A C K S E P A T Y D F A V
P S L A C I D O I R E P Y R O T S I H U
J K L I B R A R Y C A R D M U Q M C A B
O C A D R Y C A R D C A T A L O G E I Q
U A D E S K S W Y H P A R G O I L B I B
R B W P E G N I T A L U C R I C D C R G
N R N O I T C I F E C N E I C S O E S N
A E X L J E I W O L A C L U O L F D R Y
L P C C D I C T I O N A R Y L E S U E H
S A H Y Y U T T C E F O R E R S T E T P
T P E C T Q E G R A P T C E J E U D U A
I R C N R R T E N R E T N I R V D A P R
B E K E A B F T I O I C W K E I Y T M G
I C O T L N A N P O E H O P A H A E O O
H O U L O S T A N D F O U N D C R W C I
X R T C Y S Z D E D B S E N K R E L C B
E D U E N E W S L E T T E R S A A M V M
I S S R P F K D E V R E S E R B H Q B K

ARCHIVES
ART
BIBLIOGRAPHY
BIOGRAPHY
BOOK RETURN
CARD CATALOG
CHAIRS
CHECK OUT
CIRCULATING
CLERK
COLLECTION
COMPUTERS
CONFERENCE ROOM
DESKS
DICTIONARY
DUE DATE
ENCYCLOPEDIA
EXHIBITS
FANTASY
HISTORY
INTERNET
JOURNALS
LIBRARY CARD
LITERATURE
LOST AND FOUND
MEDIA
NEWSLETTERS
OFFICE
PAPERBACKS
PATRON
PERIODICALS
POETRY
PRINTS
QUIET
READ
RECORDS
REFERENCE DESK
RESERVED
SCIENCE FICTION
SHELVES
STACKS
STUDY AREA
TAPES
VIDEOS

Solution on page 185

Fairy Tales

ARABIAN NIGHTS
BEAUTY AND THE BEAST
BLUEBEARD
BROTHERS GRIMM
CINDERELLA
FABLE
FICTION
FROG KING
HAPPY PRINCE
L FRANK BAUM
LEGEND
LION AND THE MOUSE
LITTLE MERMAID
NATHANIEL HAWTHORNE
OSCAR WILDE
PHOENIX BIRD
PIED PIPER
PRINCESS AND THE PEA
PUSS IN BOOTS
RAPUNZEL
RED RIDING HOOD
RUMPELSTILTSKIN
SLEEPING BEAUTY
SNOW WHITE
STORY
UGLY DUCKLING
WIZARD OF OZ

L E Z Y M I F N P E A D B K S D W A E E
E H G P E Y O I D L R F R T U I I E N L
Z Z W D F I E L L A D E H G E A Z P R B
N H Z W T D I E E R D G L F T M A E O A
U Q K C P W R B I R I Y D R I R R H H F
P E I I R E E B I N D N Y O H E D T T M
A F P A D U X D N U E I R G W M O D W M
R E C N L I I A C G U V O K W E F N A I
R S I B N N I K E T M B T I O L O A H R
O C I E G B L L E T U H S N N T Z S L G
F N O H A I C I Z M D L R G S T P S E S
B H O R N M U A B K N A R F L I Q E I R
P O A G H T G Z X W S Q S Q S L V C N E
D L I O N A N D T H E M O U S E B N A H
K A N I K S T L I T S L E P M U R I H T
N M P O Q R P U S S I N B O O T S R T O
B E A U T Y A N D T H E B E A S T P A R
G V K O S L E E P I N G B E A U T Y N B
S Z H A P P Y P R I N C E Z R N X S P X
A K O A S R F U E D L A N R D N H Y L Q

Solution on page 185

Famous Poets

L A N G S T O N H U G H E S O D D R T E
G U E D N H G N A O E N E D K Y Y O A M
N W K A B E U O R L O O C H D L S B L I
I G I N J O H S T E F R U L H A H E F L
L Z A T E C R R C G F Y M A N N E R R Y
P T D E J R O E R N R B M W E T R T E D
I T A A O I T M A A E D I R S H M P D I
K O R L H T C E N A Y R N E B O A E L C
D C N I N U I O E Y C O G N I M N N O K
R S O G M S V D K A H L S C K A N N R E
A R C H I B A L D M A C L E I S H W D N
Y E W I L L I A M B U T L E R Y E A T S
D T L E T K K W D T C Y N W N F S R E O
U L C R O Z K H S H E L L Y E R S R N N
R A I I N F E P H O R A C E H R E E N Z
L W E O P N A L L A R A G D E R E N Y Q
G R E E N L E A F W H I T T I E R M S P
I I E S K O O R B N Y L O D N E W G O R
Q S N B E R T H O L D B R E C H T O N H
Q A N O S N I K C I D Y L I M E D I V O

ALFRED LORD TENNYSON
ARCHIBALD MACLEISH
BERTHOLD BRECHT
CONRAD AIKEN
DANTE ALIGHIERI
DH LAWRENCE
DYLAN THOMAS
EDGAR ALLAN POE
EE CUMMINGS
EMILY DICKINSON
GEOFFREY CHAUCER
GREENLEAF WHITTIER
GWENDOLYN BROOKS
HART CRANE
HENRIK IBSEN
HERMANN HESSE
HOMER
HORACE
JOHN MILTON
LANGSTON HUGHES
LORD BYRON
MAYA ANGELOU
OVID
RALPH WALDO EMERSON
ROBERT PENN WARREN
RUDYARD KIPLING
SHELLY
SIR WALTER SCOTT
THEOCRITUS
VICTOR HUGO
WILLIAM BUTLER YEATS

Solution on page 186

Novels

A CLOCKWORK ORANGE
A FAREWELL TO ARMS
A PASSAGE TO INDIA
A ROOM WITH A VIEW
ANIMAL FARM
AS I LAY DYING
BATTLEFIELD EARTH
BRAVE NEW WORLD
DUNE
HEART OF DARKNESS
HOWARDS END
I CLAUDIUS
INVISIBLE MAN
LOLITA
LORD JIM
LORD OF THE FLIES
LOVING
OF HUMAN BONDAGE
ON THE ROAD
PALE FIRE
RAGTIME
SHANE
TENDER IS THE NIGHT
THE GINGER MAN
THE GOOD SOLDIER
THE GRAPES OF WRATH
THE MAGUS
THE MALTESE FALCON
THE SUN ALSO RISES
UNDER THE VOLCANO
WOMEN IN LOVE

H	P	S	E	S	I	R	O	S	L	A	N	U	S	E	H	T	O	B	V
O	E	V	T	I	G	L	I	S	M	H	D	N	U	L	I	B	N	A	Y
F	R	A	Q	H	O	N	U	C	O	I	A	F	O	J	T	R	A	T	A
H	N	Y	R	L	E	G	I	W	L	M	J	R	J	E	X	A	C	T	I
U	K	A	I	T	A	G	A	Y	E	A	D	D	N	U	E	V	L	L	D
M	M	T	M	M	O	R	R	L	D	O	U	D	R	V	C	E	O	E	N
A	A	R	E	R	D	F	B	A	F	Y	E	D	O	O	O	N	V	F	I
N	E	H	A	S	E	I	D	T	P	R	A	L	I	N	L	E	E	I	O
B	T	R	E	F	S	G	H	A	I	E	N	L	T	U	R	W	H	E	T
O	G	N	I	I	L	E	N	S	R	I	S	H	I	A	S	W	T	L	E
N	D	N	V	F	F	A	T	I	N	K	E	O	G	S	S	O	R	D	G
D	A	N	I	L	E	H	M	E	G	R	N	T	F	H	A	R	E	E	A
A	I	I	I	V	E	L	M	I	O	E	I	E	A	W	I	L	D	A	S
G	J	E	E	N	O	O	A	A	N	M	H	N	S	F	R	D	N	R	S
E	S	N	I	R	W	L	D	P	E	A	E	T	P	S	E	A	U	T	A
A	U	G	W	E	I	V	A	H	T	I	W	M	O	O	R	A	T	H	P
D	H	E	G	N	A	R	O	K	R	O	W	K	C	O	L	C	A	H	A
T	L	L	R	S	M	R	A	O	T	L	L	E	W	E	R	A	F	A	G
R	Q	N	O	C	L	A	F	E	S	E	T	L	A	M	E	H	T	A	M
P	R	E	I	D	L	O	S	D	O	O	G	E	H	T	E	M	W	D	U

Solution on page 186

Children's Books

BAMBI
CADDIE WOODLAWN
CURIOUS GEORGE
DOCTOR DOLITTLE
DOMINIC
GOODNIGHT MOON
GREEN EGGS AND HAM
HARRIET THE SPY
HARRY POTTER
HATCHET
HENRY HUGGINS
HOLES
JOHNNY TREMAIN
MARY POPPINS
PETER PAN
SKELLIG
SOUNDER
THE BIRCHBARK HOUSE
THE CAT IN THE HAT
THE GIVING TREE
THE GOLDEN COMPASS
THE LITTLE PRINCE
THE MOFFATS
THE POLAR EXPRESS
THE SECRET GARDEN
UNDERSTOOD BETSY
WIZARD OF OZ
A WRINKLE IN TIME

N E G Q E L T T I L O D R O T C O D Y T
Z S S R B T C R Z O F O D R A Z I W P C
C A N U E A H U E P T G I L L E K S S M
S A P I O E W E R T E E B T L G E E E D
N S D N A H N R C I T T H A X X R K H T
I F O D O M K E I A O O E C M J O J T H
P D K U I O E R G N T U P R T B M L T E
P S O E N E M R A G K I S Y P A I J E L
O J E M B D W T T B S L N G R A H M I I
P S A L I I E O H Y H A E T E R N Q R T
Y P C S O N B R O G N C N I H O A G R T
R B I J T H I K A D I N R D N E R H A L
A X Y L R K S C K I L N H I H T H G H E
M S T A F F O M E H T A D O B A I A E P
S N I G G U H Y R N E H W O J E M M T R
T H E G I V I N G T R E E N O P H T E I
S S E R P X E R A L O P E H T G O T R N
O Q S S A P M O C N E D L O G E H T M C
O F V X T H E S E C R E T G A R D E N E
Y H W O Y S T E B D O O T S R E D N U N

Solution on page 186

Wonderful Writers

U H O L M E S H A K E S P E A R E K G U
R C O N R A D L A R E G Z T I F L O O W
M U Y L T O L S T O Y Q R E L D N A H C
C H E K H O V E S D O S T O Y E V S K Y
H U E L L I V L E M C S W I F T C L N N
A K F A K U F N L N O S N I K C I D N W
U B S Q R G B A L Z A C R E N K L U A F
C S Y N H E E Q I M K E D C W C Y Y M W
E T T I I N T R O L I G R I V K T H H M
R E S O L R P H T N A M T I H W T L A W
U P O S L O T H O R N T O N W I L D E R
S H R E E H W S A M U E L C L E M E N S
H E F L R T O L S A N D B U R G V L E N
D N T C M W L E W O L L E F G N O L T E
I C R O A A L K H E M E R S O N X E S K
E R E H N H E K C E B N I E T S I W U C
I A B P O Z B S E M A J Y R N E H R A I
W N O O A M X P R O U S T D E Q I O Q D
N E R S N N E S B I E E C U M M I N G S
W R S Q I Q L R U V K L P X K X N N X F

AUSTEN
BALZAC
BELLOW
CHANDLER
CHAUCER
CHEKHOV
CONRAD
DICKENS
DICKINSON
DOSTOYEVSKY
EDGAR ALLAN POE
EE CUMMINGS
EMERSON
FAULKNER
FITZGERALD
GERTRUDE STEIN
HAWTHORNE
HENRY JAMES
HILLERMAN
HOLMES
HOMER
IBSEN
KAFKA
LONGFELLOW
MANN
MELVILLE
ORWELL
PROUST
ROBERT FROST
RUSHDIE
SAMUEL CLEMENS
SANDBURG
SHAKESPEARE
SOPHOCLES
STEINBECK
STEPHEN CRANE
SWIFT
THOMAS WOLFE
THORNTON WILDER
TOLSTOY
VIRGIL
WALT WHITMAN
WOOLF

Solution on page 186

Science Fiction

K E M F D G G T U G E N N O V T R U K X
E T S A A R E T T O P Y R R A H Y U F B
R A S N R X A R T H U R C C L A R K E Z
T G T T T K D L R O W W E N E V A R B B
R R A A H M L L L E W R O E G R O E G T
A A R S V M P I S A A C A S I M O V V H
T T W Y A I M A G I N A T I O N N J A E
S S A M D W A R O F T H E W O R L D S T
X S R I E E N R E V S E L U J Z D A S I
O A S G R S N O W C R A S H G T C L M M
S E L C I N O R H C N A I T R A M D A E
D V F R A N K H E R B E R T X X N O D M
U W F B F R E D E R I K P O H L M U A A
N V U R S U L A L E G U I N O O U S S C
E N I E T S N E K N A R F F N F H H A H
R A Y B R A D B U R Y S C I F I O U L I
N E U R O M A N C E R E C A P S J X G N
P K V I W I L L I A M G I B S O N L U E
X E P K K W C A P T A I N K I R K E O B
K M T O A E L D A R C S T A C K K Y D W

ALDOUS HUXLEY
ARTHUR C CLARKE
BRAVE NEW WORLD
CAPTAIN KIRK
CATS CRADLE
DARTH VADER
DOUGLAS ADAMS
DUNE
FANTASY
FRANK HERBERT
FRANKENSTEIN
FREDERIK POHL
GEORGE ORWELL
HARRY POTTER
IMAGINATION
ISAAC ASIMOV
JULES VERNE
KURT VONNEGUT
MARTIAN CHRONICLES
NEUROMANCER
RAY BRADBURY
SCIFI
SNOW CRASH
SPACE
STAR TREK
STAR WARS
STARGATE
THE TIME MACHINE
URSULA LEGUIN
WAR OF THE WORLDS
WILLIAM GIBSON

Solution on page 186

Books

A MOVEABLE FEAST
A PASSAGE TO INDIA
A ROOM OF ONES OWN
A TALE OF TWO CITIES
A WRINKLE IN TIME
CANNERY ROW
CATCHER IN THE RYE
CURIOUS GEORGE
DA VINCI CODE
EMMA
GONE WITH THE WIND
GREEN EGGS AND HAM
HAMLET
HARRY POTTER
LOLITA
LORD OF THE RINGS
PILGRIMS PROGRESS
PRIDE AND PREJUDICE
SOUNDER
THE BIBLE
THE GIVING TREE
THE GREAT GATSBY
THE JUNGLE
THE LITTLE PRINCE
THE SCARLET LETTER
THINK AND GROW RICH
VALLEY OF THE DOLLS
WALDEN
WIZARD OF OZ
YOUR ERRONEOUS ZONES

O	N	P	I	L	G	R	I	M	S	P	R	O	G	R	E	S	S	J	T
R	T	H	E	G	R	E	A	T	G	A	T	S	B	Y	G	E	S	E	B
E	G	R	O	E	G	S	U	O	I	R	U	C	R	R	I	E	L	A	E
T	H	E	G	I	V	I	N	G	T	R	E	E	E	T	C	M	L	P	E
T	R	E	T	T	O	P	Y	R	R	A	H	E	I	I	A	W	O	A	C
E	L	G	N	U	J	E	H	T	T	T	N	C	D	H	I	W	D	S	N
L	Y	O	U	R	E	R	R	O	N	E	O	U	S	Z	O	N	E	S	I
T	H	E	B	I	B	L	E	I	G	W	J	O	A	R	Z	W	H	A	R
E	U	F	I	B	I	O	R	G	T	E	U	R	Y	T	S	O	T	G	P
L	O	L	I	T	A	E	S	F	R	N	D	R	P	J	B	S	F	E	E
R	Y	F	R	O	H	A	O	P	D	O	E	C	D	R	N	E	O	T	L
A	O	R	Q	C	N	E	D	E	F	N	M	D	H	Q	R	N	Y	O	T
C	A	H	T	D	L	N	R	O	N	Q	M	W	L	M	C	O	E	I	T
S	P	A	H	A	A	X	Z	A	D	P	A	M	C	A	S	F	L	N	I
E	C	A	T	E	D	O	C	I	C	N	I	V	A	D	W	O	L	D	L
H	M	A	D	T	S	A	E	F	E	L	B	A	E	V	O	M	A	I	E
T	H	I	N	K	A	N	D	G	R	O	W	R	I	C	H	O	V	A	H
U	R	I	D	N	I	W	E	H	T	H	T	I	W	E	N	O	G	T	T
P	S	V	S	O	E	M	I	T	N	I	E	L	K	N	I	R	W	A	Y
K	D	L	O	R	D	O	F	T	H	E	R	I	N	G	S	A	I	S	K

Solution on page 186

Magic Fairyland

M Y F B K U F F H D T D P W I Z A R D N
K A R G M Q V E W D Q F H S A R X S E E
O T G I W T L A E R E H T E V R G N N R
M I L I A A R T E W A U M A U S L G J W
E N O M C F N F M E R M A I D E N O V G
U K D S S A J D A I E R G O G I E D C L
X E F V H U L Y E B G H Z T T N V M N K
M R M C I S S T R O L L S F D W E O D D
X B N Q P Z R A P S C E I N D O R T S R
C E G E D P O A G H K H I P A R L H P A
I L L J K R D F A E S A N Z F B A E I G
T L A R U T A N R E P U S W L C N R R O
S N I L B O G E P O A Q G W Y Q D E I N
T H F B E E W A B H G I F C D N M O T K
N N Z B L I H L C E A K L T E L N S I Q
J J X I F S J E Y N U O I G I C E H W V
S E N N A P R E T E P L E N G B K A I J
Q G G U D P F R O S S L B K G E B D T X
U I F R E M N R S F A K S D X W B O C D
A X R L T M W R O Z U X I I O R J W H A

BANSHEE
BLUEBEARD
BROWNIES
CHANGELING
CYCLOPS
DRAGON
DWARF
ELF
ENCHANTED
ETHEREAL
FABLE
FAIRY
FLY
FROG KING
GIANT
GOBLIN
GODMOTHER
GREMLIN
HOBBIT
LEGEND
LEPRECHAUN
MAGICAL
MERMAID
NEVERLAND
OGRE
PEGASUS
PETER PAN
SHADOW
SHAPESHIFTING
SPELLS
SPIRIT
SUPERNATURAL
TINKER BELL
TROLLS
WAND
WARLOCK
WITCH
WIZARD

Solution on page 186

Baseball Players

ABNER DOUBLEDAY
BARRY BONDS
BILLY MARTIN
BILLY WILLIAMS
BROOKS ROBINSON
CAL RIPKEN
CASEY STENGEL
DARRYL STRAWBERRY
DON DRYSDALE
ERNIE BANKS
GAYLORD PERRY
HACK WILSON
HONUS WAGNER
JACKIE ROBINSON
JOSE CANSECO
KEN GRIFFEY JR
LOU GEHRIG
MARK MCGWIRE
MICKEY MANTLE
PETE ROSE
ROLLIE FINGERS
ROY CAMPANELLA
SANDY KOUFAX
SATCHEL PAIGE
TED WILLIAMS
TOM SEAVER
WILLIE MAYS

B I L L Y W I L L I A M S W Z O W W K A
E G J O S E C A N S E C O E V G H Q Z M
C A I C N O S N I B O R S K O O R B C N
A Y A U U P K V E R I W G C M K R A M G
S L D U U J A C K I E R O B I N S O N R
E O W T R E N G A W S U N O H L K W R O
Y R Y E X U V N S K N A B E I N R E O L
S D N O S L I W K C A H C F U C H I Y L
T P W I L L I E M A Y S J T G M M Q C I
E E D A R R Y L S T R A W B E R R Y A E
N R G I R H E G U O L B S M I P C R M F
G R T E D W I L L I A M S J K U A E P I
E Y D O N D R Y S D A L E W I V L V A N
L B A R R Y B O N D S M K O Z M R A N G
W A B N E R D O U B L E D A Y C I E E E
C U P R J Y E F F I R G N E K M P S L R
Y E L T N A M Y E K C I M F U I K M L S
N X A F U O K Y D N A S I O R O E O A M
O D D Y S A T C H E L P A I G E N T S X
P E T E R O S E B I L L Y M A R T I N H

Solution on page 187

A Sporting Chance

Z H A N D B A L L A C R O S S E N I S R
M B D O H D O W A T E R S K I I N G U U
I G S M G J O A S G N I L W O B S N C N
B N C M N F H W T I W N O V V A D I S N
G I I A I X E G N I N D O M I S R B I I
N L T G T L F N R H N N P W R E A M D N
I D S K A L G I C B I G E L I B I I C G
T R A C K A N D F I E L D T C A L L R N
O U N A S B I D W K N K L R E L L C I I
O H M B D Y T E V I X G O S S L I N C C
H D Y A E E A L V N M Q S Q K L B I K A
S I G D E L K S U G U Q I R A I K A E R
U V N M P L S B R E C C O S T M I T T E
R I O I S O E O T B U L L R I D I N G S
F N P N L V R B S W I M M I N G R U G R
I G G T B C U R L I N G U B G O L O P O
N W N O Q B G N I W O R H T R E M M A H
G O I N S T I C K B A L L A B T O O F V
X Q P D S O F T B A L L N I L E V A J W
G N I X O B S Q U A S H L D S E D T W Z

BACKGAMMON
BADMINTON
BASEBALL
BIKING
BILLIARDS
BOATING
BOBSLEDDING
BOWLING
BOXING
BULL RIDING
CRICKET
CROQUET
CURLING
DISCUS
DIVING
DOWNHILL SKIING
FENCING
FIGURE SKATING
FOOTBALL
GYMNASTICS
HAMMER THROWING
HANDBALL
HORSE RACING
HURDLING
ICE SKATING
JAVELIN
LACROSSE
MOUNTAIN CLIMBING
PING PONG
POLO
POOL
RUNNING
SHOOTING
SOCCER
SOFTBALL
SPEED SKATING
SQUASH
STICKBALL
SURFING
SWIMMING
TABLE TENNIS
TRACK AND FIELD
VOLLEYBALL
WATER SKIING

Solution on page 187

Tennis Anyone?

O E G D U B N O D R E K C E B S I R O B
K D Y J A O N E D L I T L L I B C G A A
Y J S O Q B J H C T A M N T Y M R L Z C
B N E H K B T U X U I S I W A E L O I K
D J L N E Y L W S F E A P L B B L S C C
C X A M N R U N E T L D S D O I Q L Y O
I N D C R I A N H U I D E Y O F E J A U
C R S E O G F S R O N N O C Y M M I J R
P V Y N S G F E O A A S E L B U O D X T
N Y R R E S G V R F A R T H U R A S H E
E E D O W S L G E C T R E V E S I R H C
N L F E A Q Y T X B A C K H A N D G W S
I L F T L K S E R V E P B M B V I Q W I
L O I K L I S S A G A E R D N A O N T N
E V L A E M A R T I N A H I N G I S E G
S M C E V E N U S W I L L I A M S U K L
A P P R O A C H T R U O C R E T N E C E
B A D B L B S R E T S J I L C M I K A S
C H P A S S I N G S H O T E L O A C R Z
H S A M S A R P M A S E T E P Z E G S A

ACE
ALLEY
ANDRE AGASSI
APPROACH
ARTHUR ASHE
BACK COURT
BACKHAND
BALL BOY
BASELINE
BILL TILDEN
BOBBY RIGGS
BORIS BECKER
BREAK
CENTER COURT
CHRIS EVERT
CLIFF DRYSDALE
DEUCE
DON BUDGE
DOUBLES
FAULT
GAME
GRAND SLAM
JENNIFER CAPRIATI
JIMMY CONNORS
JOHN MCENROE
JUSTINE HENIN
KEN ROSEWALL
KIM CLIJSTERS
LET
LOVE
MARTINA HINGIS
MATCH
NET
PASSING SHOT
PETE SAMPRAS
RACKET
SERVE
SET
SINGLES
SMASH
SPIN
STEFAN EDBERG
VENUS WILLIAMS
VITAS GERULAITIS
VOLLEY

Solution on page 187

On the Baseball Field

V	O	L	X	K	U	J	O	S	U	J	Z	G	H	D	D	Q	L	J	Q
A	T	G	G	T	M	H	Q	O	H	I	E	M	G	P	J	B	B	J	S
S	Z	W	J	F	E	Z	H	N	V	A	L	L	U	K	G	B	U	D	Y
R	V	O	K	F	V	I	M	E	O	E	L	X	W	R	L	M	I	S	I
N	D	X	G	O	J	N	N	Y	U	M	A	L	D	K	P	A	U	I	W
I	E	C	N	G	T	W	F	G	S	R	B	Y	P	I	M	H	I	T	S
E	I	F	B	U	G	O	A	S	E	M	E	F	R	O	S	E	S	A	B
Z	V	A	W	C	R	E	D	T	O	Y	V	E	N	X	M	S	J	E	I
J	L	O	P	U	L	E	T	O	B	G	R	D	X	G	G	Y	N	I	J
K	X	E	L	R	H	A	M	S	V	P	U	Q	V	Y	V	W	X	U	K
A	X	I	O	G	B	X	L	O	C	R	C	I	N	F	I	E	L	D	R
E	G	J	E	W	P	P	E	F	H	G	R	A	N	D	S	L	A	M	P
Y	A	S	H	O	R	T	S	T	O	P	L	B	E	D	G	S	I	U	R
M	P	T	R	I	P	L	E	P	W	L	A	L	L	F	T	Y	E	E	E
S	I	K	A	Y	O	Y	L	O	A	S	B	E	G	R	O	G	T	L	H
T	T	L	L	H	Y	A	R	B	E	U	I	M	I	N	N	U	U	G	C
E	C	A	W	B	T	H	T	B	O	F	A	K	M	A	I	V	L	N	T
A	H	W	X	E	T	I	A	D	T	E	E	A	H	S	E	N	V	I	A
L	E	S	O	F	P	L	K	U	T	T	N	C	V	M	O	M	N	S	C
Y	R	F	G	S	L	H	O	X	V	X	N	V	X	D	D	X	Y	I	G

BALK
BASEBALL
BASES
BATTER
CATCHER
CHANGE UP
CURVE BALL
DIAMOND
DOUBLE
FOUL
GLOVE
GRAND SLAM
HITS
HOME RUN
INFIELD
INNING
MAJOR LEAGUE
OUTFIELD
PITCHER
PLATE
RUNS
SHORTSTOP
SINGLE
SPIT BALL
STEAL
STRIKE
TEAM
THROW
TRIPLE
UMPIRE
WALK

Solution on page 187

Olympic Games

K M L I L N O T N I M D A B K A Y A K C
D H J A V E L I N O L H T A C E D W H S
O Z U H A N D B A L L O N G J U M P L H
I J W R P M U J H G I H D L C B A L O O
H U B W D L G Y M N A S T I C S A C R T
Y D G N O L H T A I R T E A I B K B S P
Y O W N U A E Q W U C S Y N T E D T C U
V D C Y I B W S D R H R N F Y P E N I T
Q N A I R T S E U Q E E O W I E E O T L
W O N Z B E F U I H T S O Z P D R H A U
E W O W O K G I C E L R T L A I O T U A
H K E X L S I R L S H L E L H V W A Q V
N E I G O A A B L T I C A Z I I I R A E
F A N N P B A L R O H D R B Y N N A M L
V T G I R T A E D A C G B E Y G G M B O
W H N T E B M M S Y T R I P L E J U M P
Y H I O T M C E X E B A S E B A L L N I
A P X O A T H L E T I C S V W M Y L A M
U Y O H W F E N C I N G N I L I A S O Z
S F B S W I M M I N G N I L C Y C C U V

AQUATICS
ARCHERY
ATHLETICS
BADMINTON
BASEBALL
BASKETBALL
BOXING
CANOEING
CYCLING
DECATHLON
DISCUS
DIVING
EQUESTRIAN
FENCING
FOOTBALL
GYMNASTICS
HAMMER THROW
HANDBALL
HEPTATHLON
HIGH JUMP
HOCKEY
HURDLES
JAVELIN
JUDO
KAYAK
LONG JUMP
MARATHON
POLE VAULT
RELAYS
ROWING
SAILING
SHOOTING
SHOT PUT
SOFTBALL
STEEPLECHASE
SWIMMING
TABLE TENNIS
TAEKWONDO
TRIATHLON
TRIPLE JUMP
VOLLEYBALL
WATER POLO
WEIGHTLIFTING
WRESTLING

Solution on page 187

Football Players

ADAM TIMMERMAN
ARCHIE GRIFFIN
BARRY SANDERS
BERNIE KOSAR
CRIS DISHMAN
DEION SANDERS
DON MEREDITH
DREW BLEDSOE
EMMITT SMITH
ERIC DICKERSON
FRAN TARKENTON
HERSCHEL WALKER
JOE THEISMANN
JOHNNY UNITAS
KEYSHAWN JOHNSON
LARRY CSONKA
MARCUS ALLEN
MERLIN OLSEN
MIKE GARRETT
PEYTON MANNING
SONNY JURGENSON
TERRY BRADSHAW
TONY DORSETT
WALTER PAYTON
YANCEY THIGPEN

N O T N E K R A T N A R F U G V L E X B
Q N A C Z A G N I N N A M N O T Y E P A
E O K U J D N M T N S K H L Y Y H E N R
H T N T T A E I T I A E H S V B I O A R
T Y O J W M S K E F T Y J R I R Y S M Y
I A S I A T L E S F I S O E H J A D H S
M P C N H I O G R I N H E D T G N E S A
S R Y E S M N A O R U A T N I B C L I N
T E R L D M I R D G Y W H A D E E B D D
T T R L A E L R Y E N N E S E R Y W S E
I L A A R R R E N I N J I N R N T E I R
M A L S B M E T O H H O S O E I H R R S
M W R U Y A M T T C O H M I M E I D C J
E R I C R N R Y P R J N A E N K G M V F
N C N R R Q L E K A L S N D O O P E B J
H X U A E X I G U A F O N O D S E G J D
Z M K M T Z M T Q X Z N G U R A N O B M
S H E R S C H E L W A L K E R R V H O H
Q W Z X A S O N N Y J U R G E N S O N S
O O R V N O S R E K C I D C I R E R V K

Solution on page 187

Spelunking

H T N I R Y B A L I M E S T O N E E W J
H P Z Y F G S U E P H X X A G J Y X N X
H T H T W O A U R L B D D A I K B P R Z
W A K X L L N E N E Y T C R A W L I N G
L K L M A O D T A V K T P C G F X P O P
E F D O M E S I D A B S L R A C V U I F
H U B G G L T T P C E T I M G A L A T S
A Z A U N E O C I H Y P O T H E R M I A
B S G K I P N I R T E S E V O C L A D C
R E N A B S E L Z O F T T W H E L M E T
E H I X M F E E A M G N I K N U L E P S
W C V S I M L H M M B M D T I U E M X E
E T I C L A C O P A P U O O C V X A E Z
J I D X C A T A W M G L H M J A P L G E
F P K W V D S B M S B O T S S I L T R E
N O E E A S A C A R T C N A A M O A O U
N V R R A T O F A D E O A W N C R M T Q
Q N K G S O E E R U V L N Y X X I I T S
P M E J L T W R O E X A N E H X N R O S
U Q S O Y Z R L Y S E P O R V M G A M T

ALCOVE
ALTAMIRA
ANTHODITE
BATS
CALCITE
CARLSBAD
CAVERN
CLIMBING
COLUMN
COOL
CRAWLING
DARK
DIVING
DOMES
EXPEDITION
EXPLORING
FLOWSTONE
GROTTO
HALOGEN LAMP
HELICTITE
HELMET
HYPOTHERMIA
LABYRINTH
LASCAUX
LIMESTONE
MAMMOTH CAVE
PASSAGE
PITCHES
ROPES
SAFETY
SANDSTONE
SILT
SPELEOLOGY
SPELUNKING
SQUEEZES
STALACTITE
STALAGMITE
TOM SAWYER
WATER

Solution on page 187

University Teams

L L S H S N A T R A P S H S H S S R D F
O L E O S S G S E T U O S A R R M M F Q
N F L O K T O C W C K B W E E E Z A Q Y
G C O S C E L F O I O K U I I G G S R E
H S N I U K D N E R E M L C N K R D D V
O B I E D C E S I Y N A M S K E S I A M
R U M R S O N T E T V H R O K E T U I B
N L E S T R G S P A T E U A D N Y D H R
S L S S A S O B C H V A M S O O S E W A
S D S C C O P F L A G R N S K H R O S Z
N O E E D O H S E U E C M Y I E L E S O
I G L T L N E B R L E I A P L V R K S R
U S G Z I E R S I E R D M R E I W S G B
R E A A W R S O E C H E E R D A O A M A
B Q E Q L S B F V I N T I V H I T N G C
H U R R I C A N E S G N N Y I O N I S K
S R A G U O C R W D E G A A R L I A X S
M S L E E H R A T S I J A S P M S U L K
C O W B O Y S Q T V O L U N T E E R S S
B O B C A T S A N E M E G N A R O U D S

AGGIES
AZTECS
BADGERS
BEAVERS
BLUE DEVILS
BOBCATS
BOILERMAKERS
BRUINS
BUCKEYES
BULLDOGS
CARDINALS
CAVALIERS
COMMODORES
CORNHUSKERS
COUGARS
COWBOYS
CRIMSON TIDE
DUCKS
EAGLES
GATORS
GOLDEN GOPHERS
HAWKEYES
HOKIES
HOOSIERS
HURRICANES
HUSKIES
JAYHAWKS
LONGHORNS
MIDSHIPMEN
NITTANY LIONS
ORANGEMEN
PANTHERS
RAMS
RAZORBACKS
ROCKETS
SEMINOLES
SOONERS
SPARTANS
TAR HEELS
UTES
VOLUNTEERS
WILDCATS
WOLVERINES

Solution on page 187

Play Golf

E Y F T K C H D Z U F N B P E I B X M E
R J D G Y O L Y F A F F I H W H L R F F
E B R D B Q O U I L H H R E S R U O C B
M C L E A D E R B O A R D L G Q Y C I B
M B U L Y C W Z R S Z G I P D R H U Y X
I E C P H A N D I C A P E F E I A W Z H
G I F M Y O L V E T R E H L P E E H H O
O H Z I T L L P N A D W L S A I W O C P
L P E D M C E E H P X A H G D D O A A I
F D M H E F M M N C G O E P R K Y R D N
B T J E M A R S P O T A L A I E N O R I
A A H D N O R O L U N A C W V S E U W M
L D C R U W J F N N T I R C E S B N D N
L B U K O L C G T T A T E C R M S D H E
F O P T S A S O Z R N G E L S W R C G C
T G S B R W X J S Y E I I R O C E F R R
E E U T E N I N K C A B N L S H T D B G
K Y G T M U H N E L G W Q E L C S R G Q
Z Q O R Q P I R G U L C D N E U A A I E
U O K J I E X F X B E P W A B T M W F A

BACK NINE
BACKSWING
BIRDIE
BOGEY
CADDY
CARD
CHARGE
CHIP SHOT
CLUBS
COUNTRY CLUB
COURSE
CUP
DIMPLE
DRAW
DRIVERS
DUNK
EAGLE
FAIRWAY
FLAG
FRONT NINE
GALLERY
GIMME
GOLF BALL
GOLF CART
GREEN
GRIP
HANDICAP
HAZARD
HOLE IN ONE
HOOK
IRON
LEADER BOARD
MASTERS
MULLIGAN
PAR
PGA
PIN
PUTTERS
ROUND
SCRATCH PLAYER
TEE
TOURNAMENT
WEDGE
WHIFF

Solution on page 188

Hockey

E M A N G G A O D P O W E R P L A Y I D
H J U G F X T S D G N I T O O H S Y Y T
Q M X P G G T E E K C I T S W D Q K A K
M U M K S U A I F D N E F E D E V U W Q
L G X M U J C G L K C U P Z R X X X A P
B J R M B A K M E G T S I S S A T V K E
E U T C L Q E I C O B R E A K O U T A N
M D D I W I R A T A E C I Q K N I R E A
M W N Y M G S B I L G H G C E J T K R L
G F A U K E H U O T J E E Z I O N C B T
U F A D O T O F N E N C B T H N R I Z Y
J S X C L B F U J N D K L S A E G R A T
T T B C E O E A T D R N P S F K N T B B
E A N E E G S R I E U A A E D E S T T L
Z A I C E X U D M R L K R H T R Z A E O
X K A R Y U H A A S O E E F K S A H I C
Q F Y E G E C I R P E F W V X C D O G K
B P A S S I N G B D F M O O A Z A O B E
B W R A T R U W U V L I Y N K S A B Q R
H M R J D X N W V Y B I L X J L P I C L

ASSIST
ATTACKERS
BACKHAND
BLOCKER
BOARDS
BREAK OUT
BREAKAWAY
CHECK
DEFEND
DEFLECTION
FACE GUARD
FACE OFF
GOAL
GOALTENDER
HAT TRICK
ICE
ICING
NET
PADS
PASSING
PENALTY
POWER PLAY
PUCK
REBOUND
REFEREE
RINK
SAVE
SHOOTING
SKATE
SLAP SHOT
STICK
TIME OUT

Solution on page 188

A Day at the Races

C D D K C Y A W D E E P S B B G X N Q F
C O N C E S S I O N S V W K O L P Q A R
F F D A Y T O N A T T A G E R S I X U T
F E T Z K E I N D I A N A P O L I S Q S
D F I I Y D S E L R S N O H T A R A M F
G G O H U E A R Z O T T D L U W I W G M
E A R O C C K S O R E X U C A R C A M O
T G L E T W R C H H E U I R W W D L N L
X H A F E R E I O Z P P A R N V R L S A
J Q O R D N A R C J L C E Y P P U B E L
Q A Q R A E F C C Y E N V E I D N Y R S
T N S E O G R L K C C V M L T J N L I S
V F P V R U X E A H H G A L C Q E A T L
A N R I T U G P K G A P Q O R C R O R S
P O I R I D Q H U C S L G W E A C W P G
J R N D P B K S B O E N H F W K D O S C
X H T O O B S S E R P H F L C S N I C J
S Z S B E S R U O C E L C A T S B O O O
T R A J R J N W R H F D R G O Q J F L C
V J D N V L K K K H R D E R B Y A L E R

AIR WRENCH
CAR CAM
CHECKERED FLAG
CIRCUIT
CONCESSIONS
CREW CHIEF
DASH
DAYTONA
DERBY
DRIVER
FOOT
GARAGE
GRAND PRIX
GREEN FLAG
HORSE
HURDLES
INDIANAPOLIS
JOCKEY
LAPS
MARATHON
OBSTACLE COURSE
PACE CAR
PIT CREW
PIT ROAD
PRESS BOOTH
RADIO
REGATTA
RELAY
RUNNER
SLALOM
SPEEDWAY
SPONSOR
SPRINT
STEEPLECHASE
STOCK CAR
THOROUGHBRED
TIRES
TRACK
TURN
WALL
WINNERS CIRCLE
YELLOW FLAG

Solution on page 188

Track and Field

S F M N O L H T A I R T S W E S R U O C
W P I A T H L E T E S E E W S E A A D E
S P E N T A T H L O N H O T H N G C M X
R O Y U A N Y A Y I S R H I O O W Z E D
Y B R G I L Y S A T H S S S T J N W S M
G F R R J R S T N T N T N T P N I H C S
R P P U A K N E R U G H E N U O L C I X
A S D C C O V E U A O R D E T I E P P P
C G E O F E M P I J H O L V N R V M M Q
E V L E D M J L L R U W O E E A A U Y U
S B R A A D D E E L R I G D E M J J L A
B P O H O E A C N A D N N E R H S G O L
P R K R V H O H Q N L G W N G C I N J I
T X Y E C R R A Y E E U A I E A W O O F
M F R I D E V S S R S R H B C O E L L Y
E S M P M U J E L P I R T M I C L W F D
T W P I Y R T N U O C S S O R C L C E Q
E Q T M X I N F I E L D G C U K R J I K
R U N N I N G S N O H T A R A M A U B J
S U F F V E N O I T I T E P M O C D G A

ATHLETES
BLOCKS
BRUCE JENNER
CARL LEWIS
COACH
COMBINED EVENTS
COMPETITION
COURSE
CROSS COUNTRY
FINALS
FLO JO
GAIL DEVERS
GOLDEN SHOES
HAMMER THROW
HIGH JUMP
HURDLES
INFIELD
JAVELIN
JUDGE
LANE
LONG JUMP
MARATHON
MARION JONES
MAURICE GREEN
METERS
MICHAEL JOHNSON
OLYMPICS
PENTATHLON
PREFONTAINE
QUALIFY
RACES
RECORD
RELAY RACE
ROAD EVENTS
RUNNING
SHOT PUT
SPRINT
STEEPLECHASE
THROWING
TIMER
TRIATHLON
TRIPLE JUMP
TURF

Solution on page 188

Gymnastics

T Y E A G N I L B M U T N U O M S I D L
A Q S A T I X H E S R A B N E V E N U X
U W P K Z T U T S X I B K D S M L W P I
M Y O L A R I P S S E O P T I O N A L S
X B T H D J E T E O I R O C U G I R Q F
S O T L G U C D U U F F C M I L L D U I
T D E G R E E O F D I F F I C U L T Y S
R Y R N W A L K O V E R Q I S C U U A E
A W S R A B L E L L A R A P L E S R X T
D A T C L L O R O R T E R U L F I N I T
D V S O T Q P I S P O M M E L H O R S E
L E J S I D R L C J U D G E S E N R T U
E U Q S E B A R A N I C V Y V A T O H O
G B G A A T E D U T I L P M A L U P R R
D E S C O R I N G R N N H F U Y R W O I
L S G K E G T T C E N O S S I S N R W P
U T N B P W P L L A T E R A L P L A N E
N O I T U C E X E U S I F F I R D A U Q
G S R N I B J Z K Z A M M C T O Q Y K B
E A Y Y N G A W Q I Y V Z S M A C O K Y

AMPLITUDE
ARABESQUE
ATTITUDE
AXIS THROW
BARANI
BODY WAVE
CABRIOLE
COSSACK
DEGREE OF DIFFICULTY
DISMOUNT
EXECUTION
EXERCISE
FLIFFIS
FRONTAL PLANE
HEALY
HURDLE
ILLUSION TURN
INWARD TURN
JETE
JUDGES
LATERAL PLANE
LEG CIRCLE
LUNGE
MILL
OPTIONALS
PARALLEL BARS
PIROUETTES
POMMEL HORSE
QUADRIFFIS
RETRO ROLL
RINGS
SCORING
SISSONE
SPIRAL
SPOTTERS
STRADDLE
STUTZ
TUMBLING
UNEVEN BARS
VAULT
WALKOVER

Solution on page 188

NASCAR

G D L E I F N I V N A M W E N N A Y R E
R J D N H T E S N E K T T A M X Z J F N
E R O O L E C B O B B Y L A B O N T E H
E R E D A R H C S N E K R D I O H X B A
N I G R J R A U A M T K R A T D R R E K
F J A O E Y S X K I M E N L L A E U L Y
L I P G F L S O R A M D I E R N L S I E
A M E Y F A I E R M Y M I E D D D T B S
G M L B G B S T I H A F T A O Y A Y O A
S Y N B O O I W I H Y U N R R B S W M K
C S I O R N T L Y A A G C N I E T A O D
O P V R D T L B M S A P A H C L T L T N
T E E H O E B Y Y U J L S A K M O L U A
T N K C N O M N G J T A E R Y O I A A T
R C S B B E N H O P G V Y D C N L C E S
I E U P R H A N R O T O M T R T L E N D
G R A E O N E E R G F F E J A U E R I N
G S J J R S K E V I N H A R V I C K G A
S T I P E L F F I B G E R G E L O P N R
D R I V E R N E N I L H S I N I F O E G

ANDY BELMONT
ANDY HILLENBURG
AUTOMOBILE
BOBBY HAMILTON JR
BOBBY LABONTE
BRENDAN GAUGHAN
CASEY MEARS
CHASSIS
DALE EARNHARDT JR
DRIVER
ELLIOTT SADLER
ENGINE
FINISH LINE
GRANDSTAND
GREEN FLAG
GREG BIFFLE
INFIELD
JEFF GORDON
JEFF GREEN
JEREMY MAYFIELD
JIMMY SPENCER
JOHNNY SAUTER
KASEY KAHNE
KEN SCHRADER
KEVIN HARVICK
KEVIN LEPAGE
MARK MARTIN
MATT KENSETH
MOTOR
OVAL
PASS
PITS
PJ JONES
POLE
RICKY CRAVEN
ROBBY GORDON
RUSTY WALLACE
RYAN NEWMAN
SCOTT RIGGS
SCOTT WIMMER
TERRY LABONTE
TIRES

Solution on page 188

Hoops

Q I W B P T P P F I Z B T N R C N M T B
R F S F F O Y A L P O O Y E L L A Y A K
F O R W A R D D S U H F T W U S N A F R
G F S O Q Q R F N S R E V O C E N T E R
X F W R N O E C K G M F F O P I T V T N
S E I H E W E N O I U L T U G L O R W J
E N S T L D A N R V A O D U A N A X U N
C S H E B B A E W C E R A N R V H M N L
O E Q E B L P E I O A R E U E E P O T I
A Z N R I S P N L O D V T L L S I S S K
C C E F R D H G B R I D I I H P I H C K
H O I N D C E K K O E N N O M S S O R W
O R U H E K C F L S G E T A S E L T E N
X E D T L A D A E G L U H A P C A C E X
L F V A B N T N I N H C E C E U M L N F
Z E W A U I I K Y P S G P M A H D O L F
D R R O O F A S T B R E A K K H U C W P
D E B N D C J E X A D G I H T V N K K S
V E L O E C S I D E L I N E T E K S A B
R X R Y T H W J R Z P O T R U O C T X Q

ALLEY OOP
ASSIST
BACKBOARD
BANK SHOT
BASKET
BENCH
BOUNCE
CENTER
CHAMPION
CHEERLEADERS
COACH
COURT
DEFENSE
DOUBLE DRIBBLE
FANS
FAST BREAK
FORWARD
FREE THROW
GAME CLOCK
GUARD
IN THE PAINT
JUMP SHOT
LANE VIOLATION
MASCOT
NET
OFFENSE
OVERTIME
PASS
PERIMETER
PLAYOFFS
REBOUND
REFEREE
SCREEN
SHOT CLOCK
SIDELINE
SLAM DUNK
SWISH
TECHNICAL FOUL
TIP OFF
TRAVELING
TURNOVER
UP AND DOWN
WALK

Solution on page 188

ANSWERS

CHAPTER 1: STAGE AND SCREEN

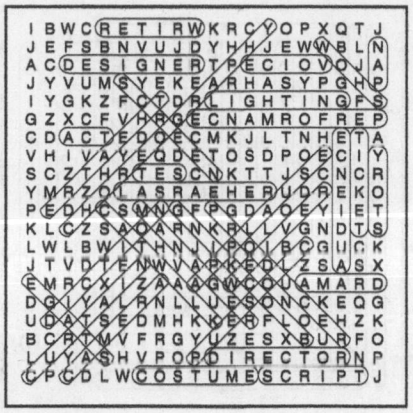

Theater

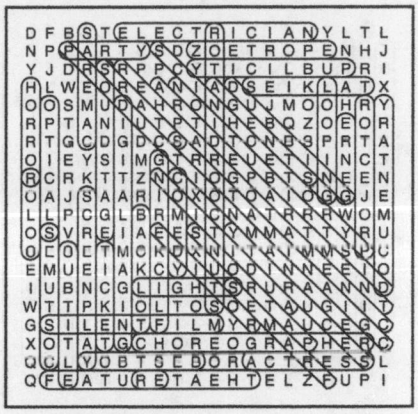

Making Movies

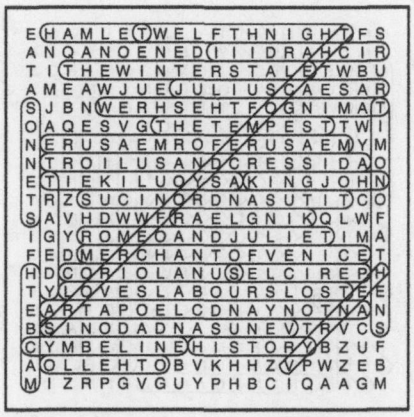

Shakespeare on the Stage

Funny Movies

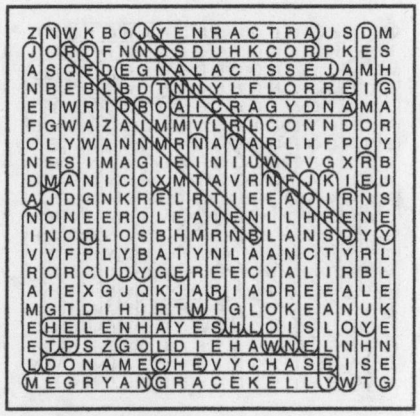

Screen Stars

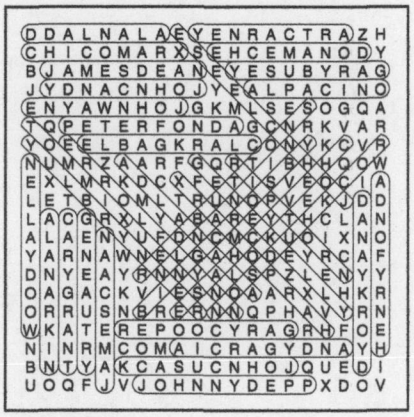

Actors

Western Movies

Broadway Players

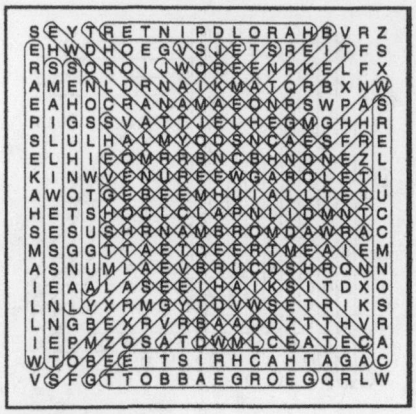

Playwrights

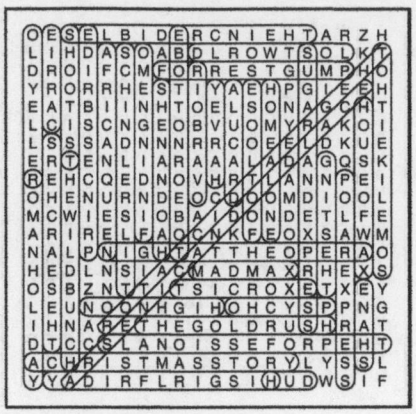

On the Silver Screen

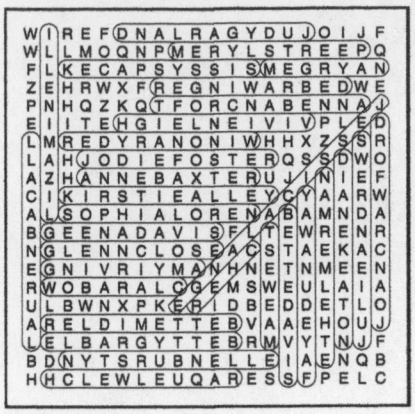

Actresses

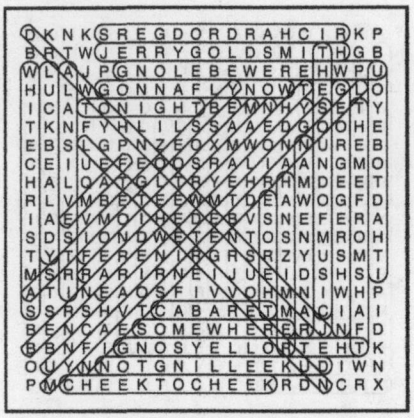

Music in the Movies

On the Stage

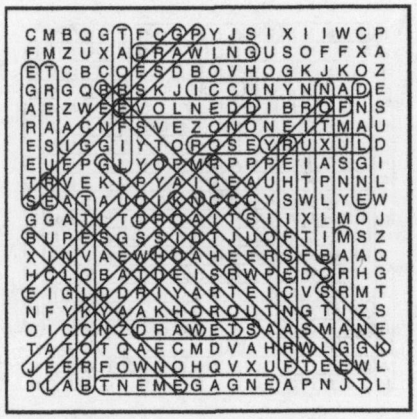

Titanic

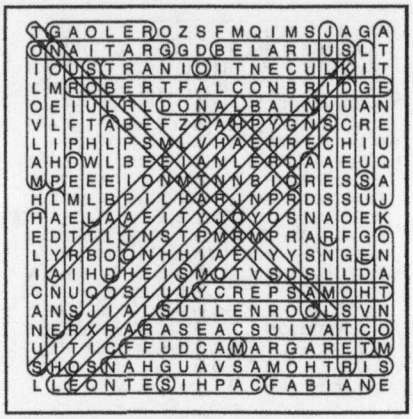

Shakespeare's Characters

CHAPTER 2: **AROUND THE WORLD**

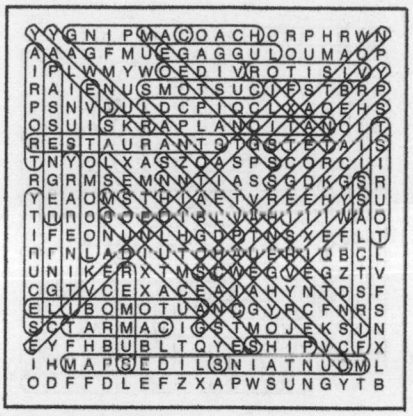

World Traveler

U.S. Capitals

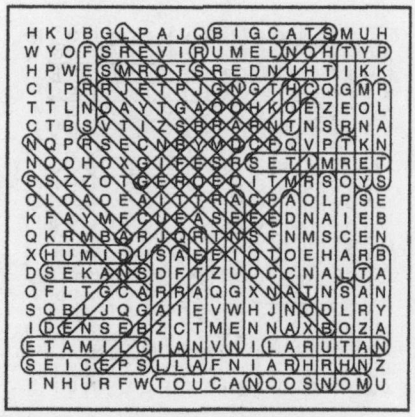

It's a Jungle Out There

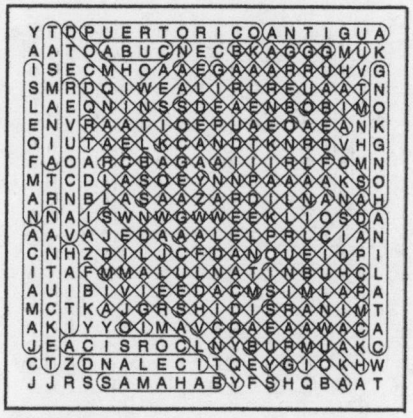

Islands

U.S. States

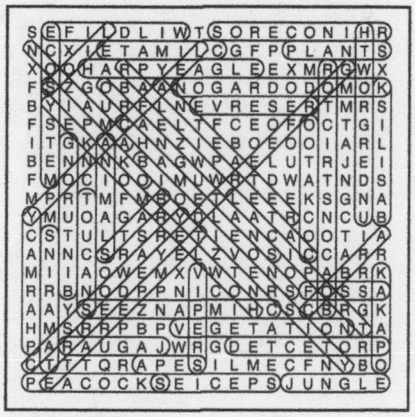

Rainforests

Small Towns

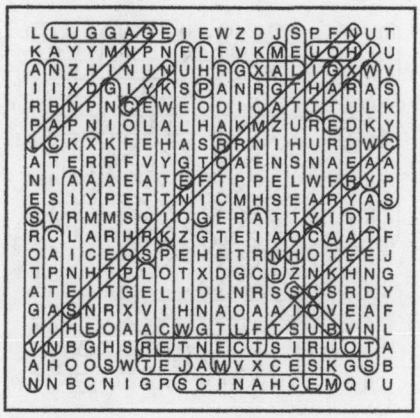

Airports

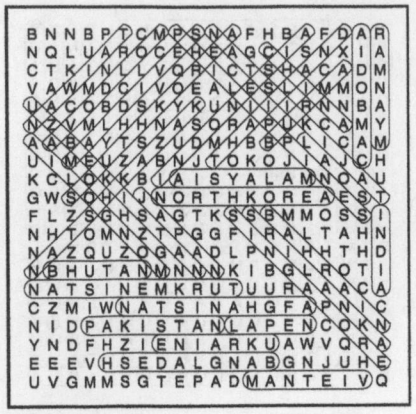

Asian Nations

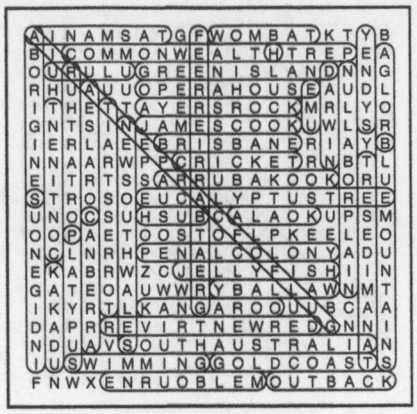

The Land Down Under

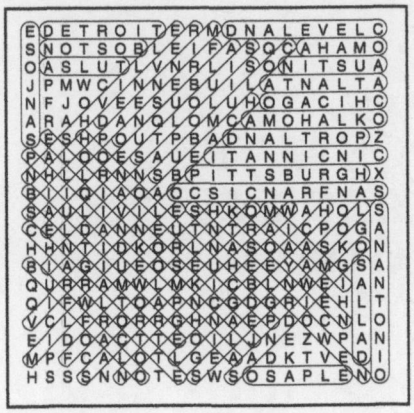

U.S. Cities

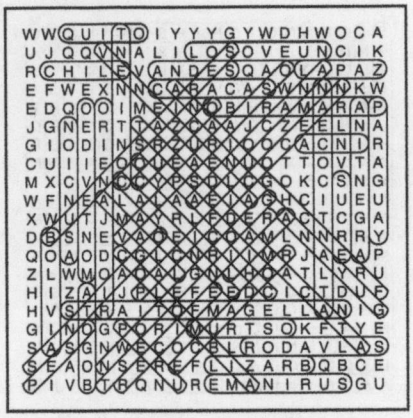

A Trip to South America

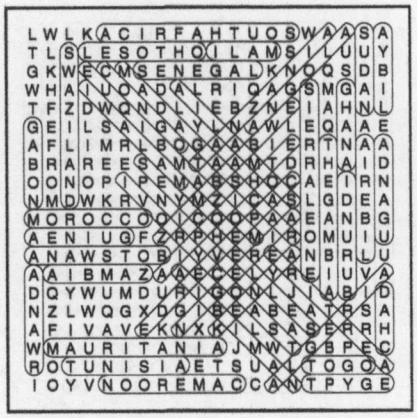

African Nations

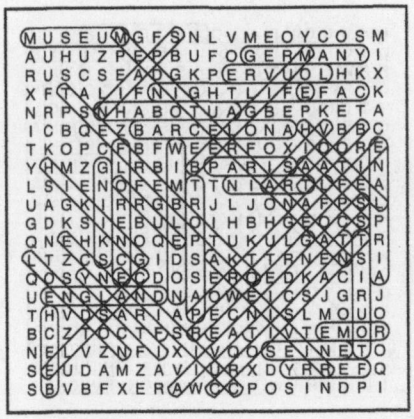

European Vacation

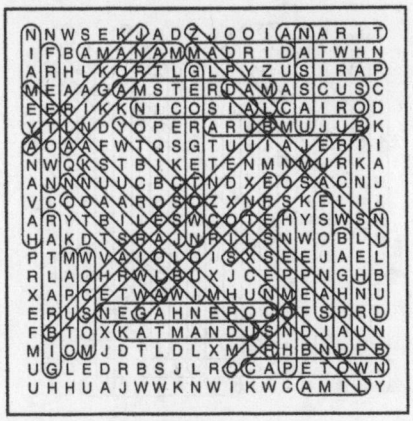

National Capitals

CHAPTER 3: THE ANIMAL KINGDOM

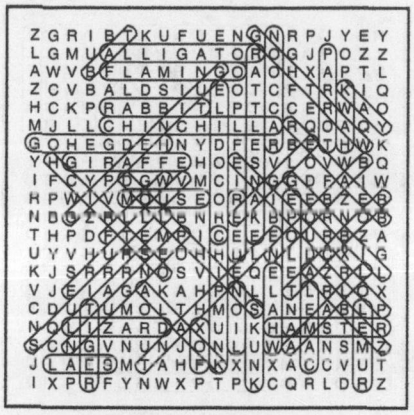

Wild World of Animals

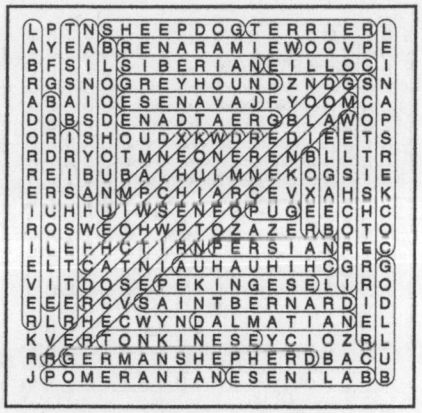

Dogs and Cats

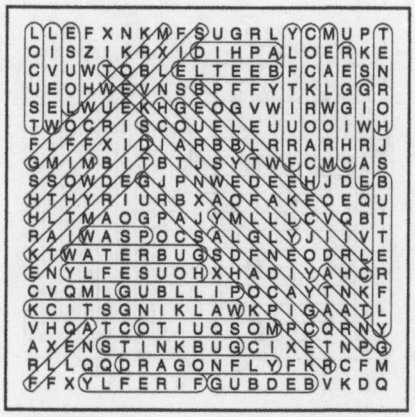

Insects

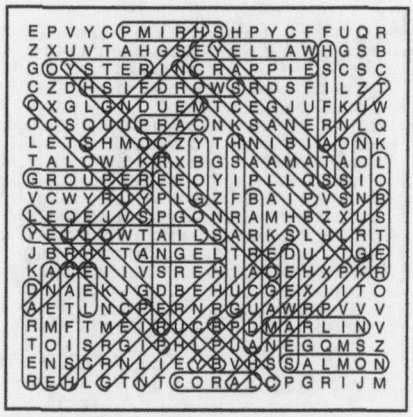

Something Fishy

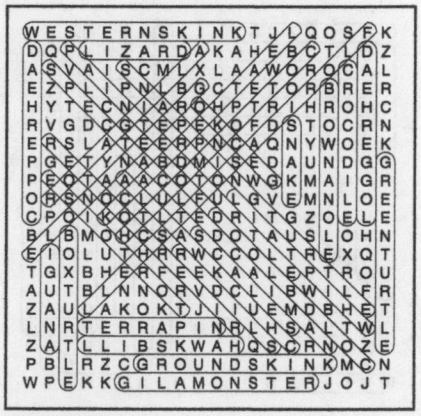

Reptiles

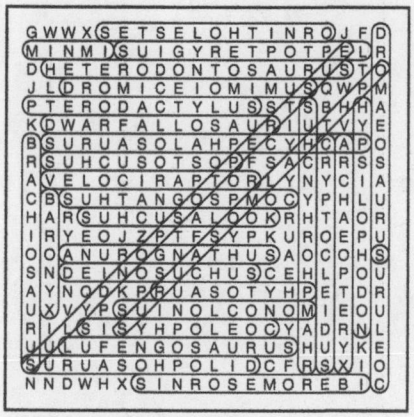

Jurassic Animals

Horses

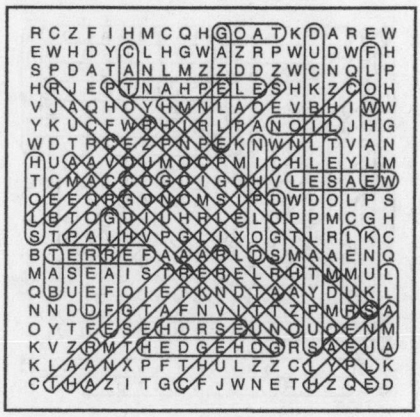

Warm-Blooded Animals

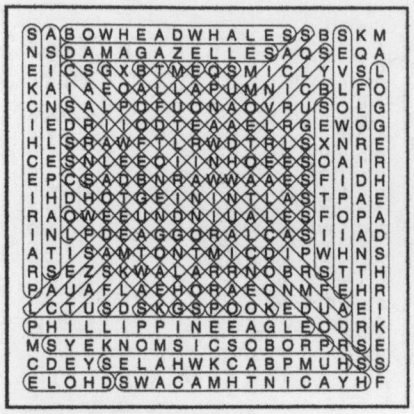

Endangered Species

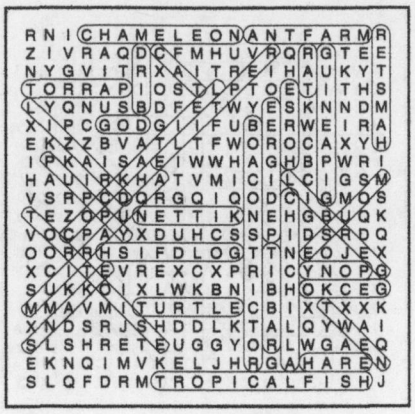

Pets

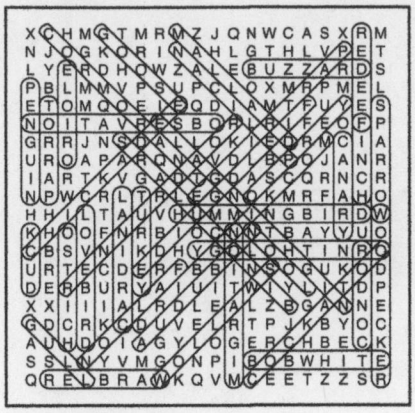

Bird Watching

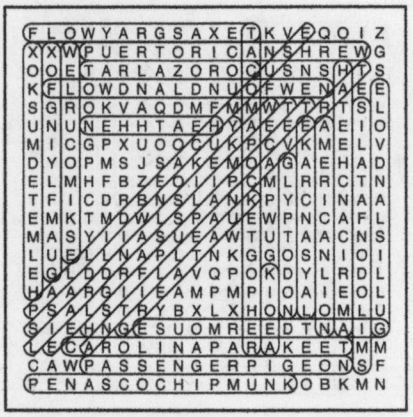

Extinct Animals

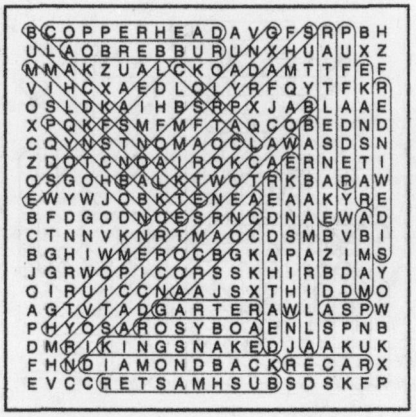

Snakes

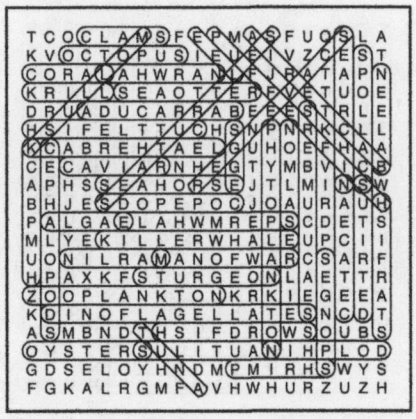

Under the Sea

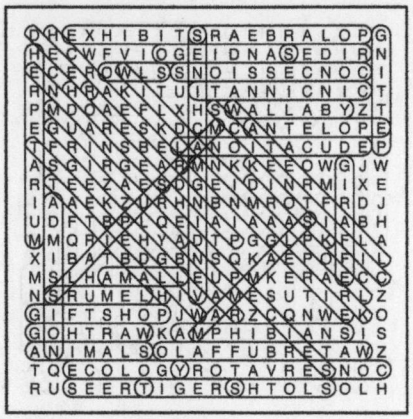

A Day at the Zoo

CHAPTER 4: WORKPLACE WORD SEARCH

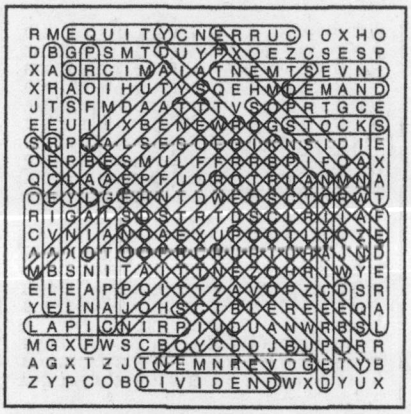

Business as Usual

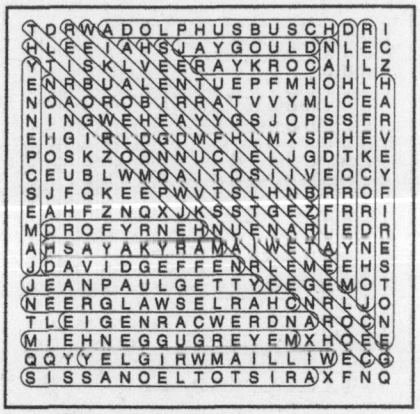

Business Leaders

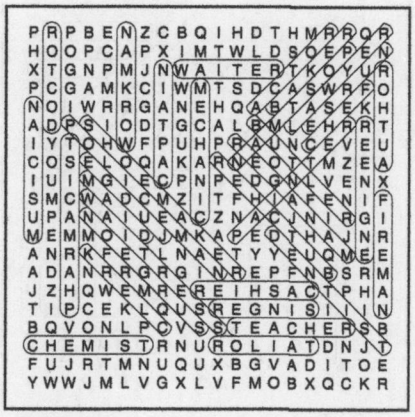

Careers

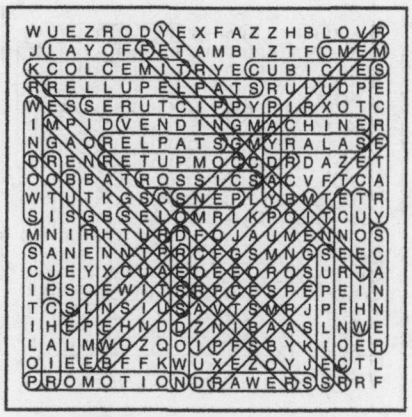

The Office

Firefighters

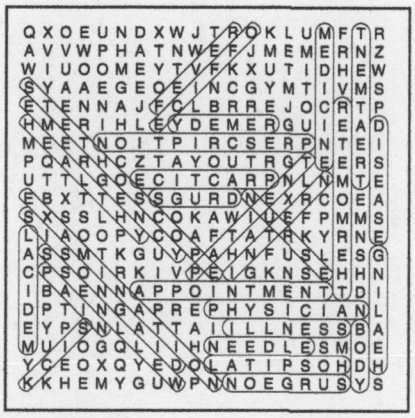

Doctors

Engineers

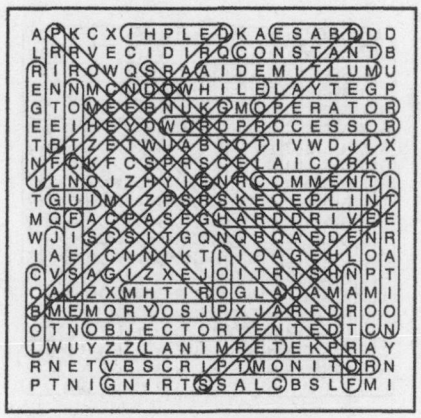

Software Development

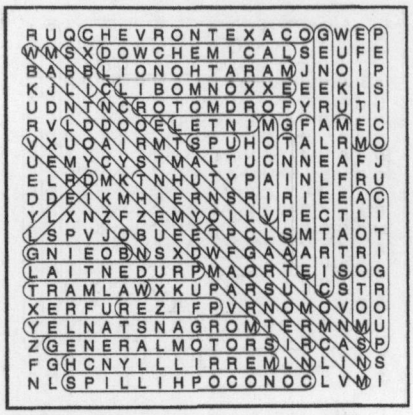

Corporations

Waiters

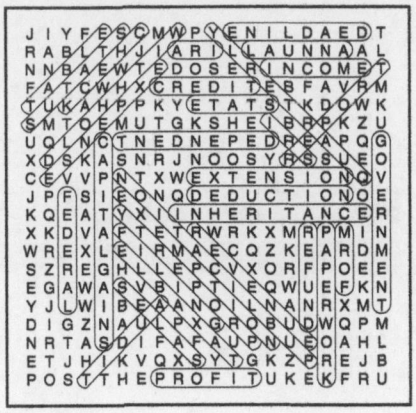

Taxes

Business Plan

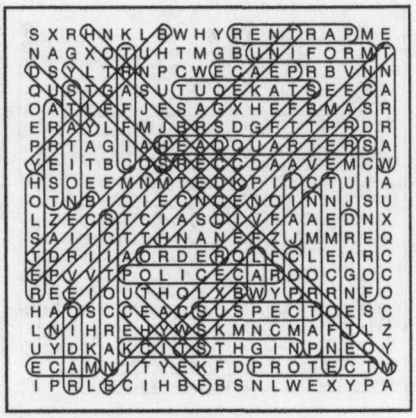

Police on the Beat

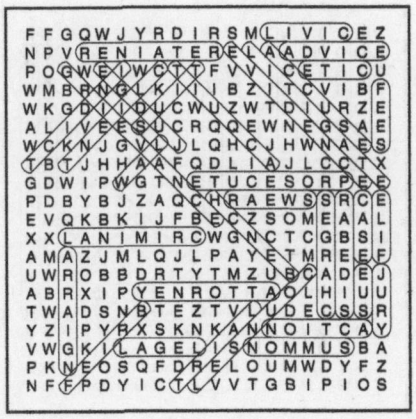

Lawyers

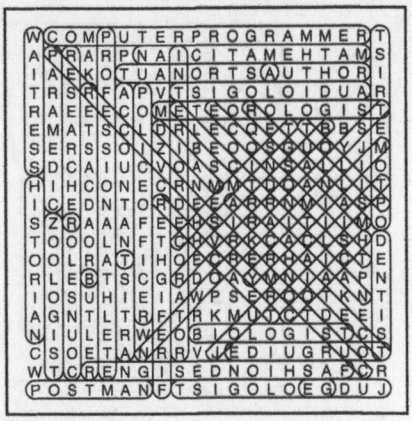

It's My Job

CHAPTER 5: **FUN WITH FOOD**

Fruit

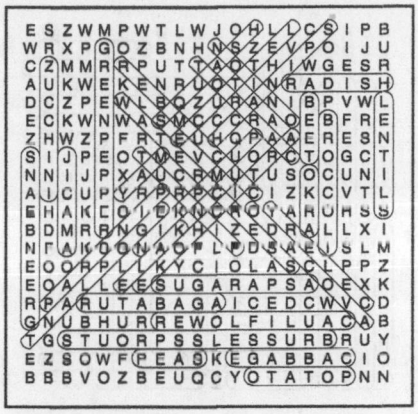

Vegetables

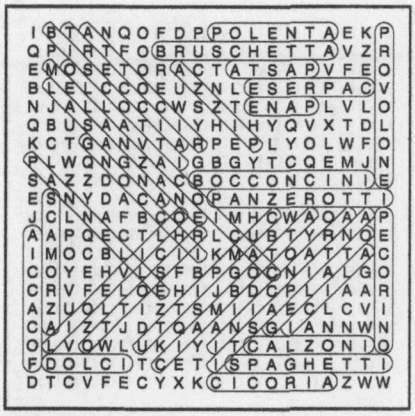

Italian Foods

Pie in the Face

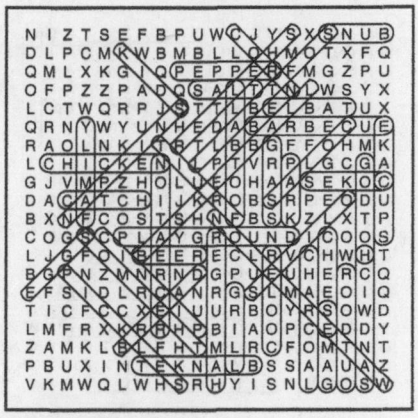

Perfect Picnic

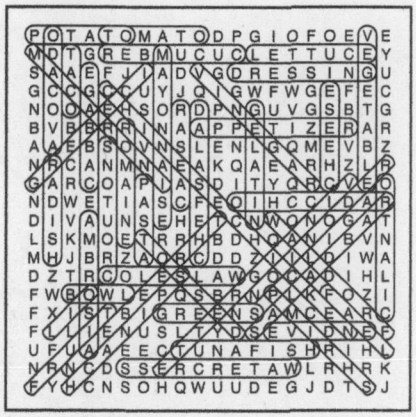

Side Salads

Pasta

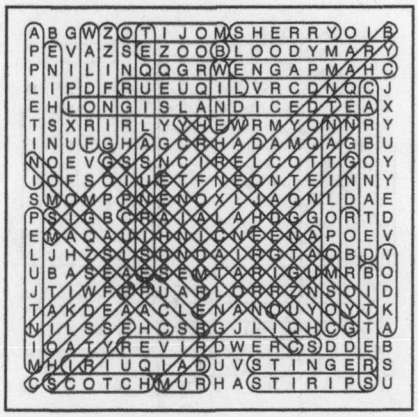

Cocktail Hour

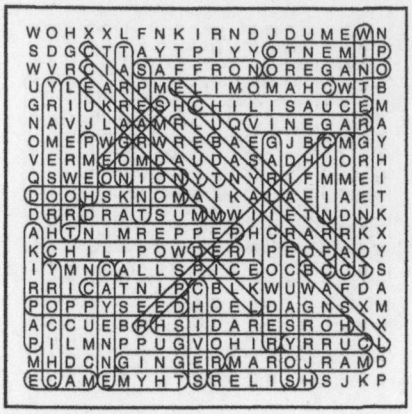

Spice It Up

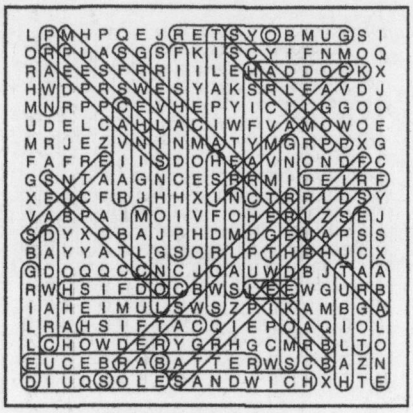

Seafood Restaurant

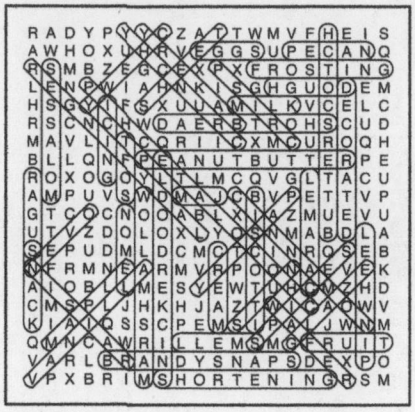

Baking Cookies

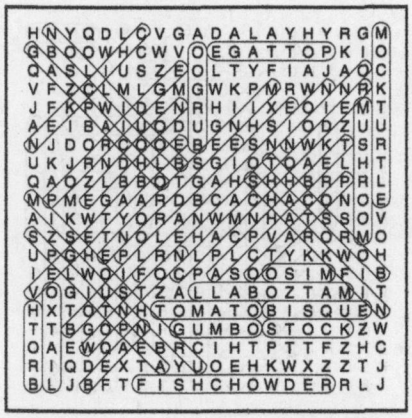

Soups

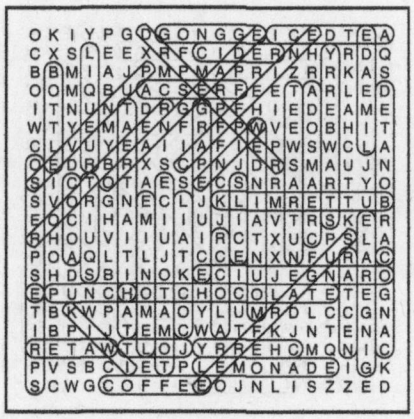

Something to Drink

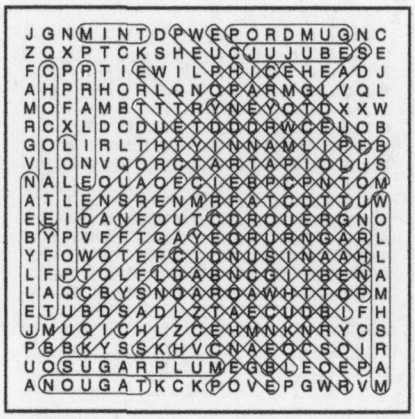

Candy

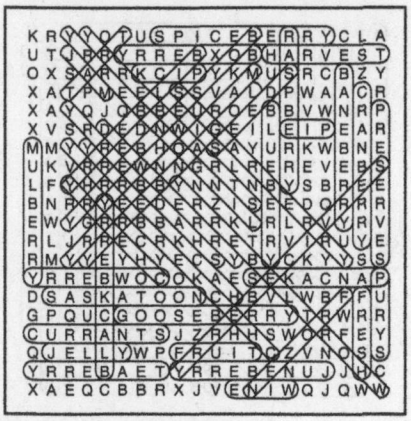

Berry Delicious

CHAPTER 6: HOLIDAYS AND CELEBRATIONS

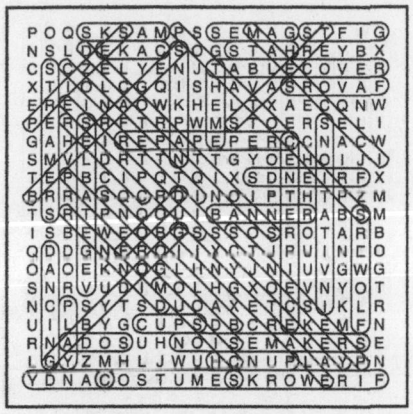

Party Time

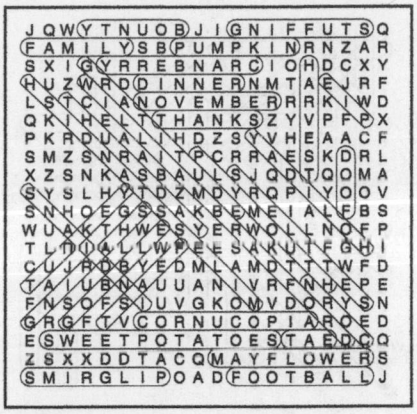

Thanksgiving

Traditional Anniversary Gifts

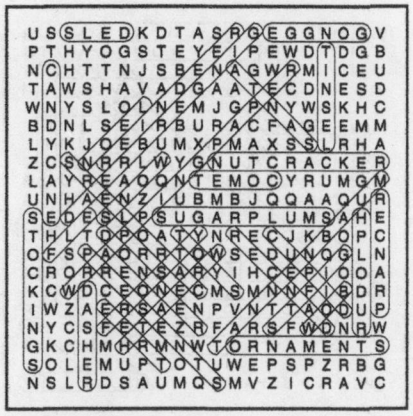

Christmas

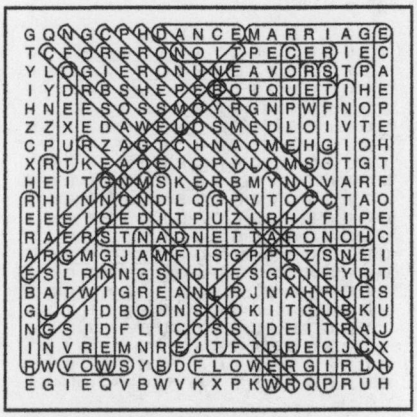

Wedding Ceremony

Easter

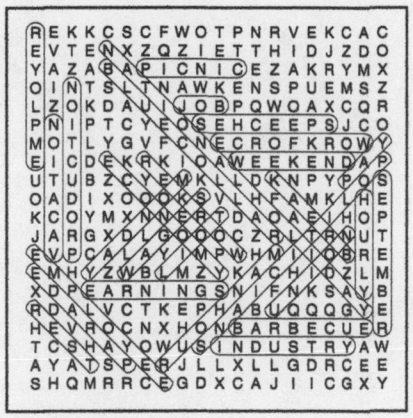

Labor Day

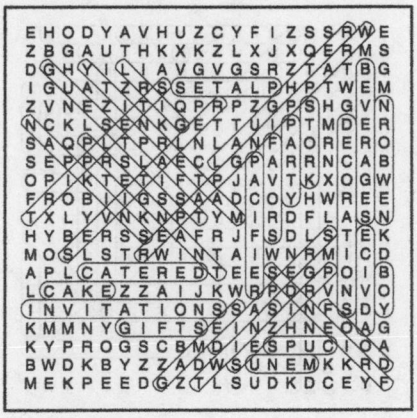

Baby Shower

Happy Hanukkah

Fourth of July

Trick or Treat

Birthday Party

Be My Valentine

Happy New Year!

Santa Claus Is Coming to Town

CHAPTER 7: **POP CULTURE**

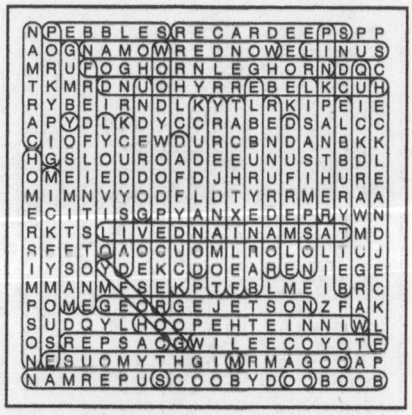

Animated Cartoon Characters

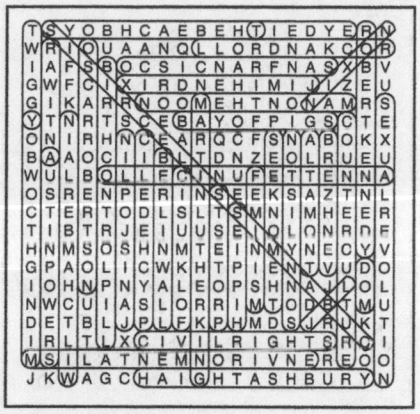

'60s Flashback

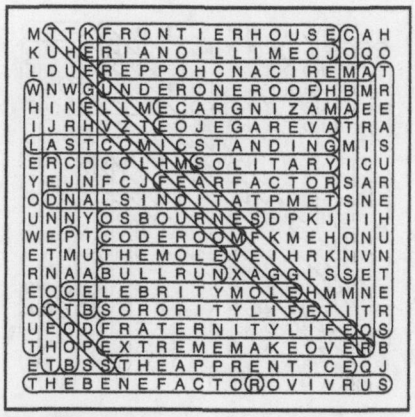

Reality TV

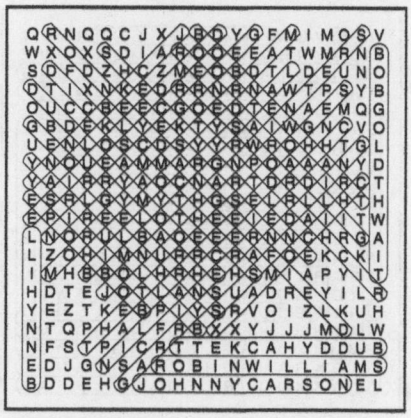

Comedians

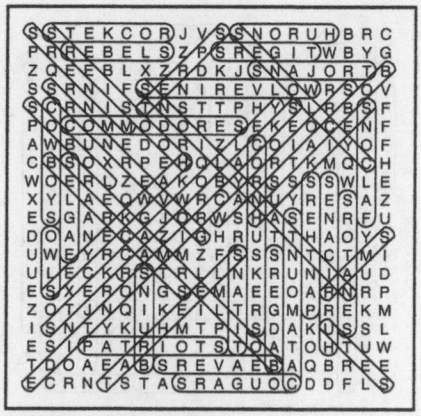

Campus Mascots

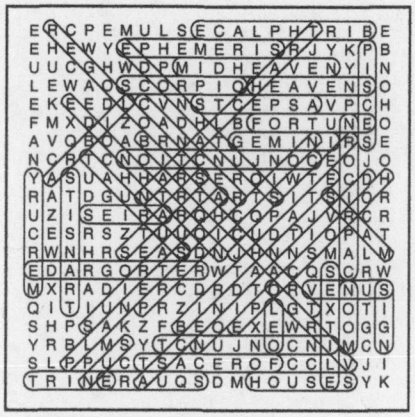

What's Your Sign?

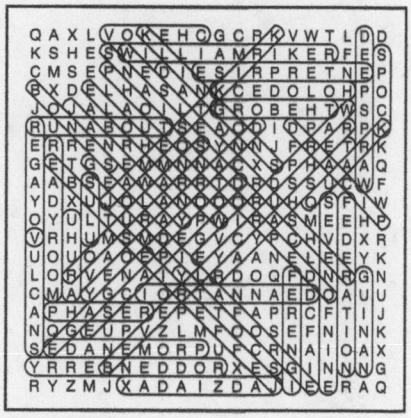

Star Trek

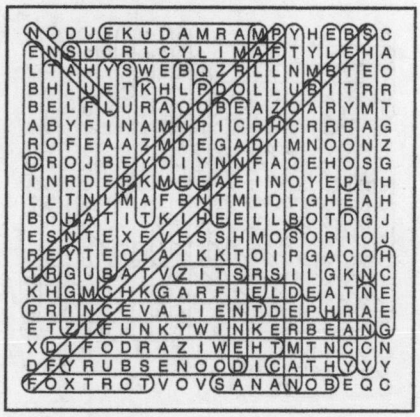

Funny Pages

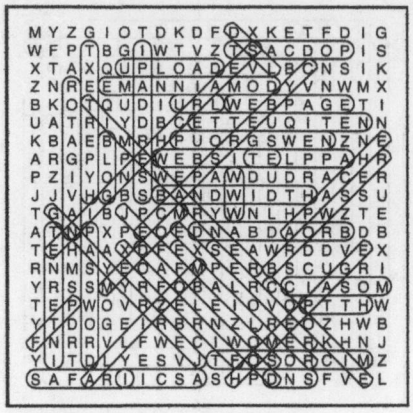

World Wide Web

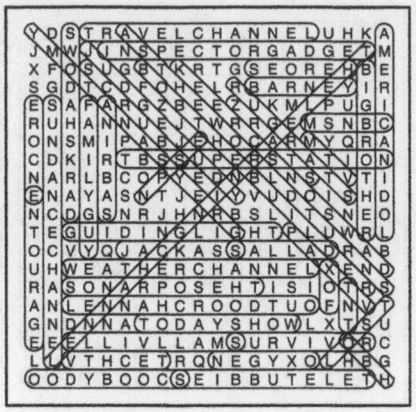

Turn on the TV

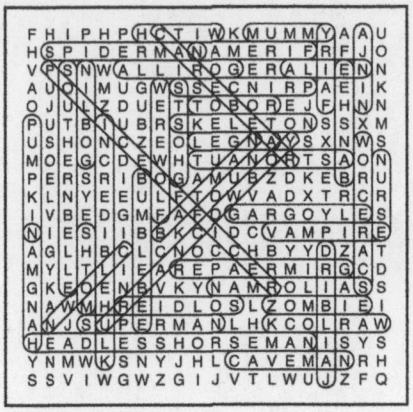

Costume Party

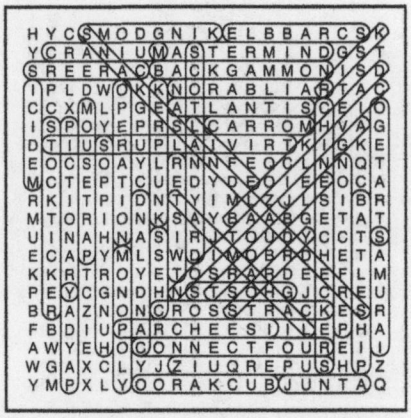

Board Games

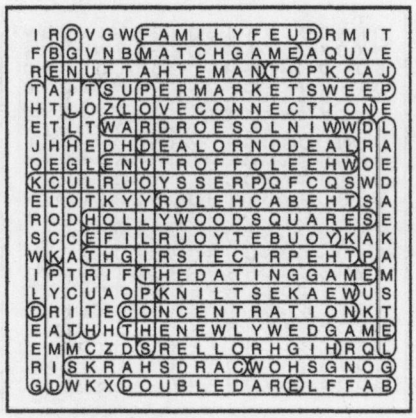

Game Shows

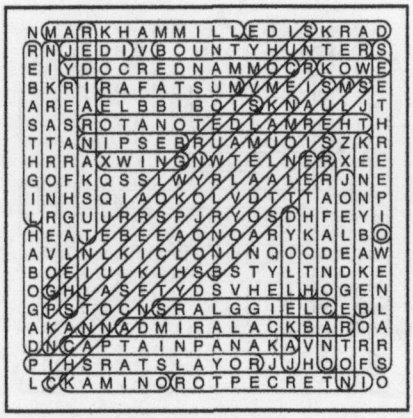

Star Wars

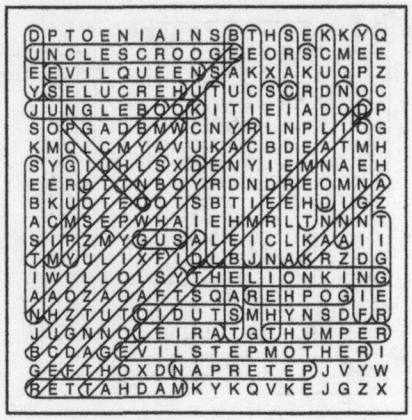

The Wonderful World of Disney

CHAPTER 8: MUSICAL PUZZLES

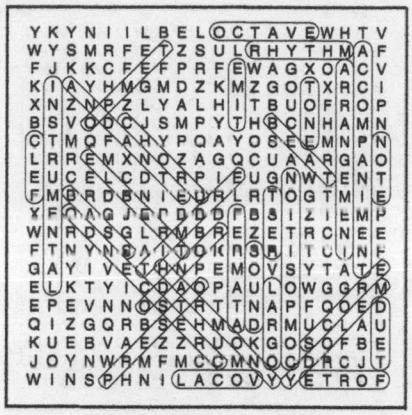

Musical Words

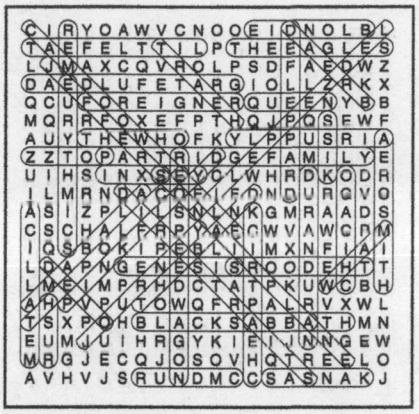

Popular Bands

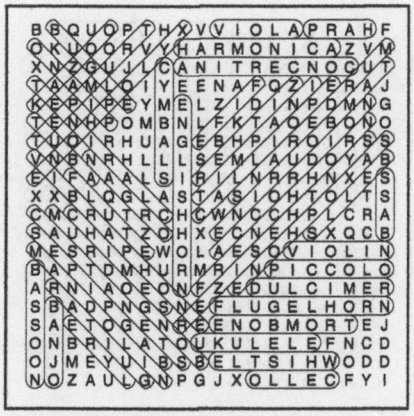

Musical Instruments

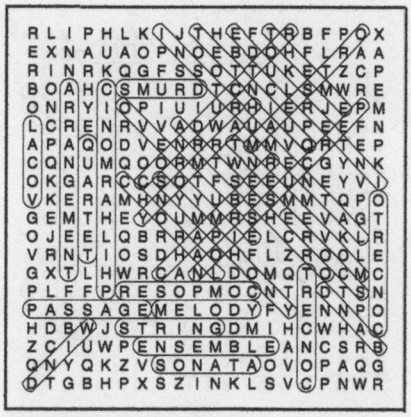

Classical Music

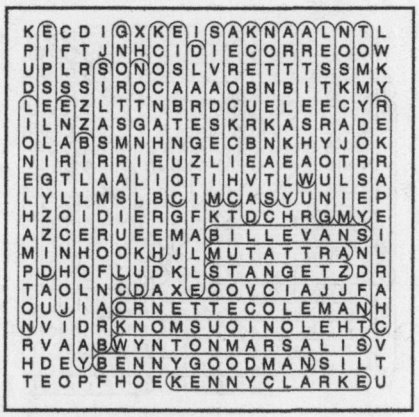

Jazz Musicians

Country Music

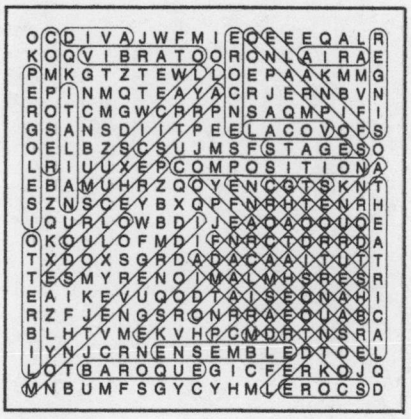

Opera

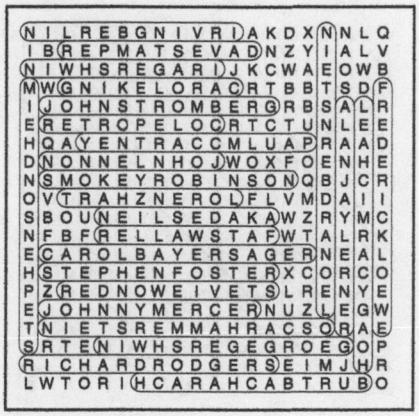

Song Writers

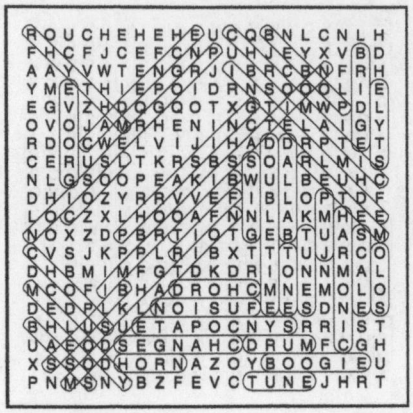

Play Jazz

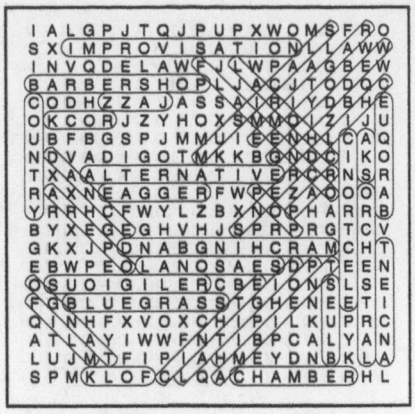

Musical Genres

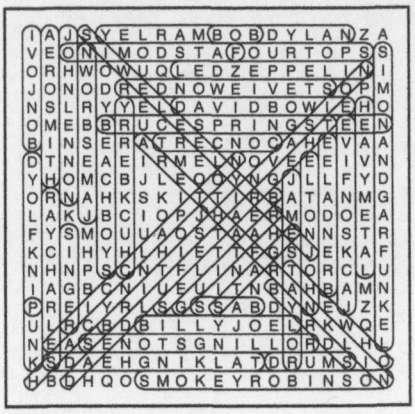

Rocking Around

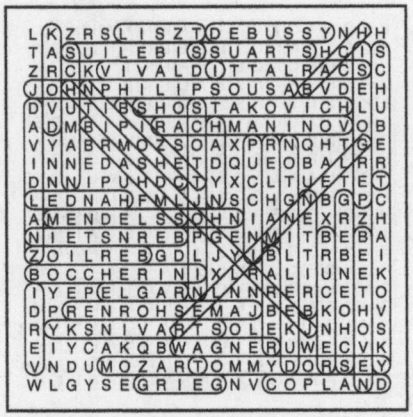

Music Composers

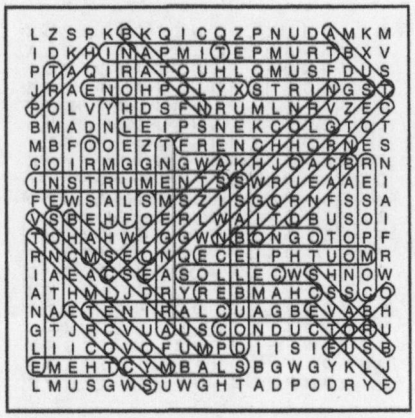

Philharmonic

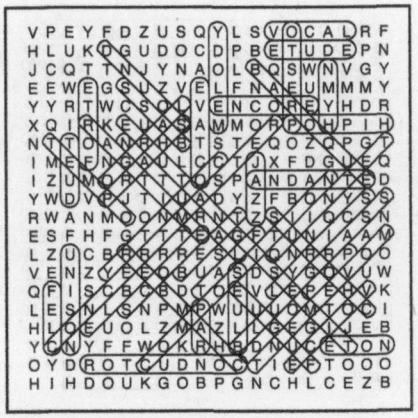

Music and Words

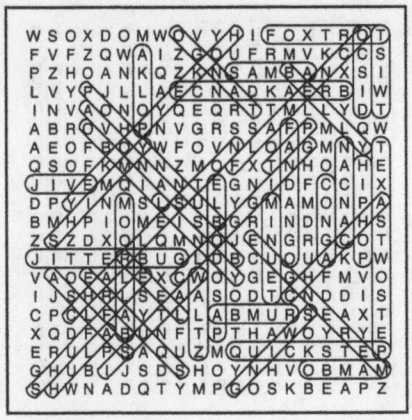

Let's Dance

CHAPTER 9: **STORY TIME**

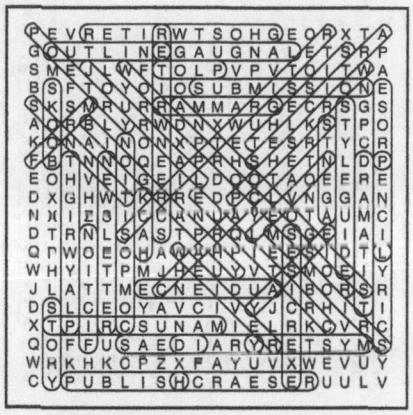

Written Words

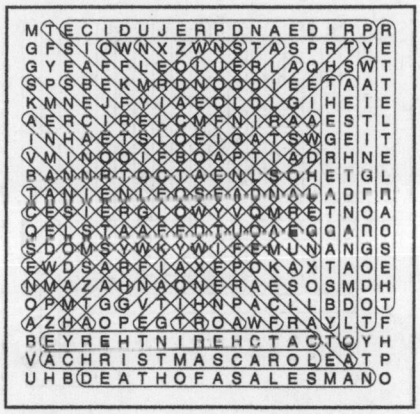

Classics

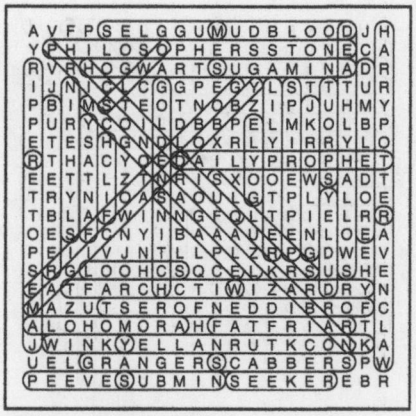

Harry Potter

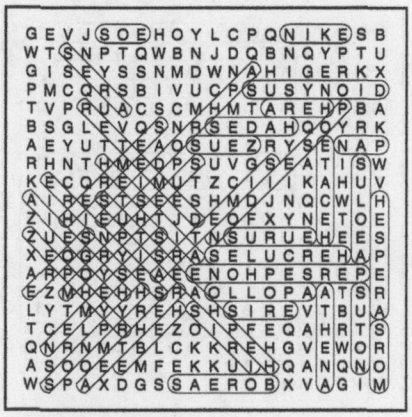

Greek Gods

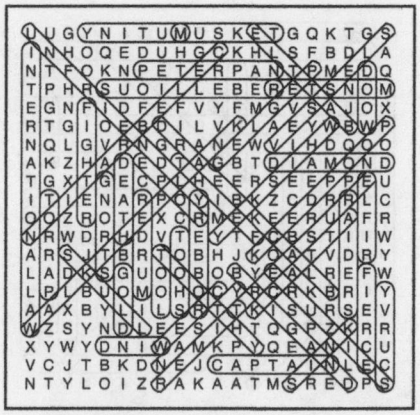

Aye Matey!

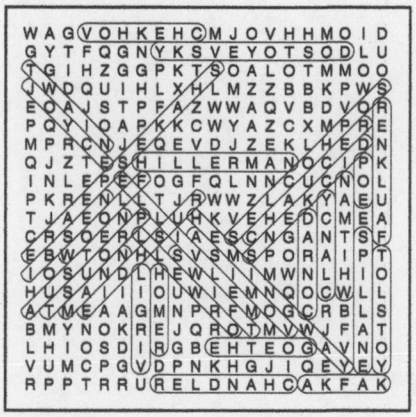

Authors

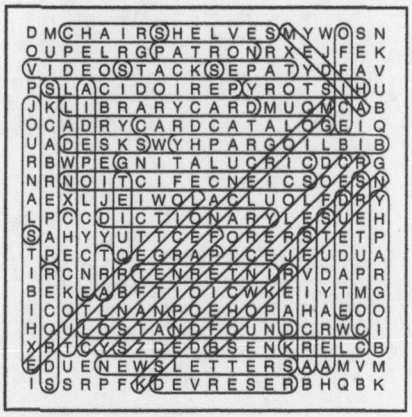

Public Library

Fairy Tales

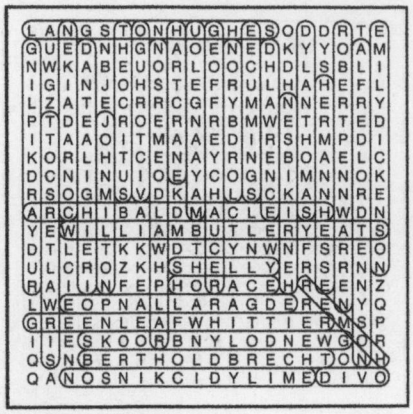

Famous Poets

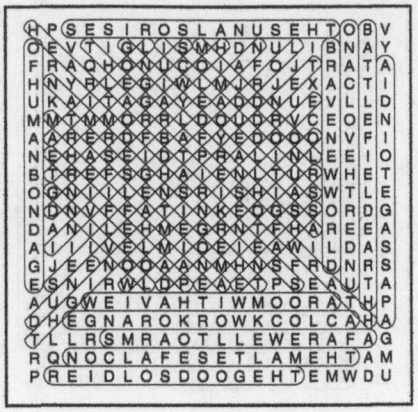

Novels

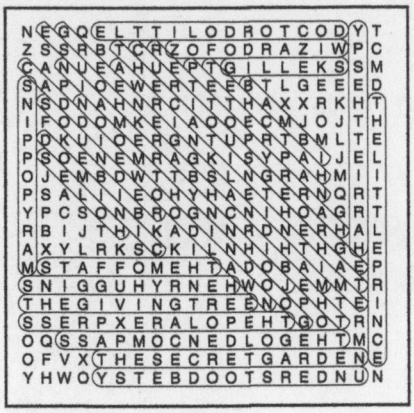

Children's Books

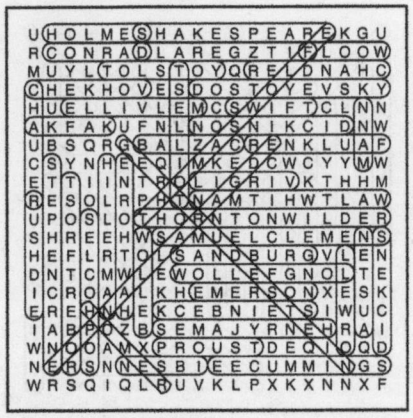

Wonderful Writers

Science Fiction

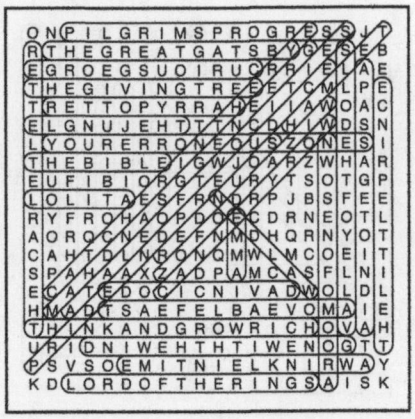

Books

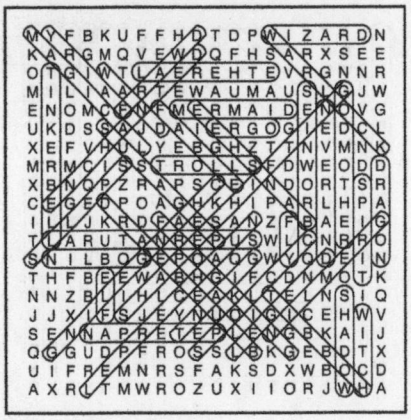

Magic Fairyland

CHAPTER 10: THE WIDE WORLD OF SPORTS

Baseball Players

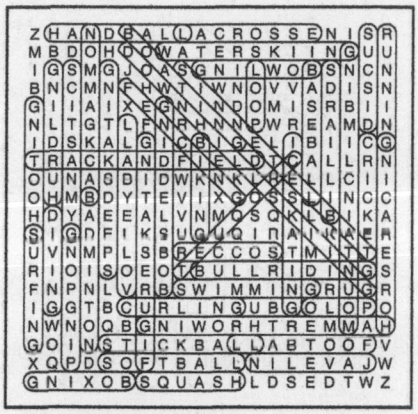

A Sporting Chance

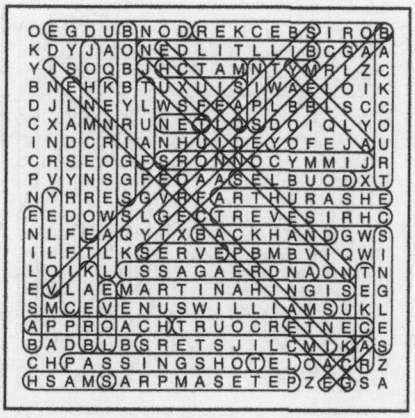

Tennis Anyone?

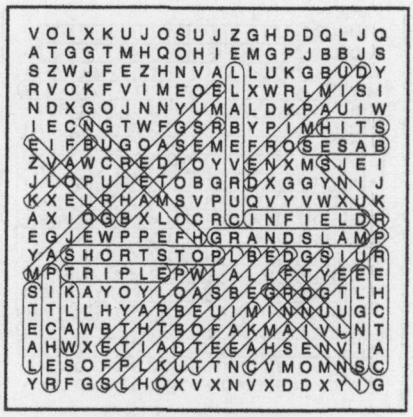

On the Baseball Field

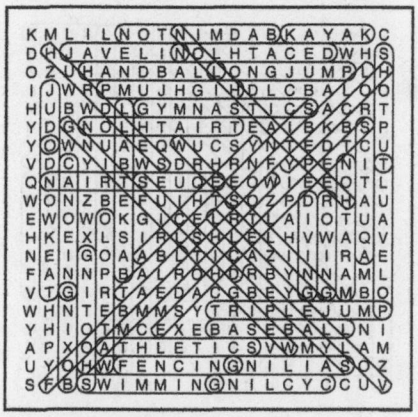

Olympic Games

Football Players

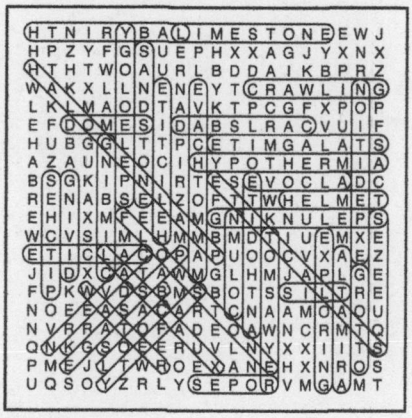

Spelunking

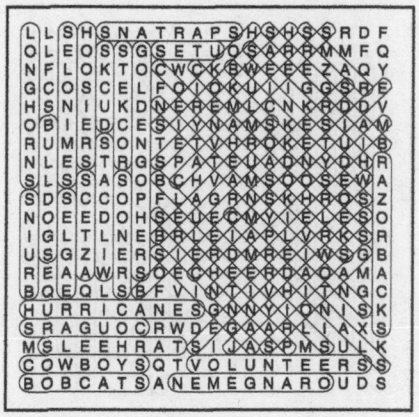

University Teams

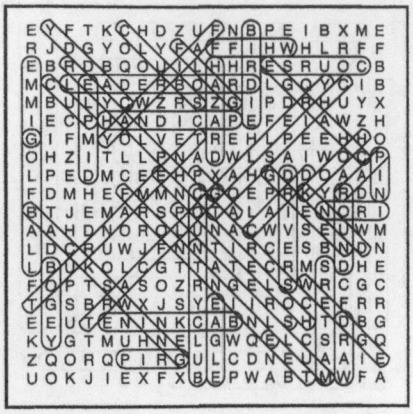

Play Golf

Hockey

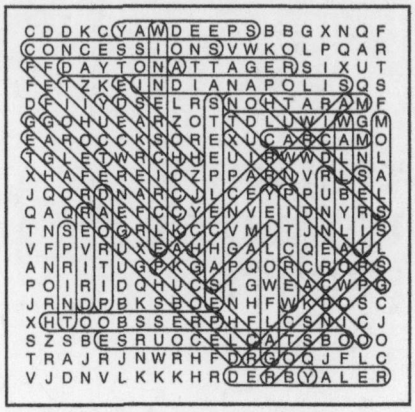

A Day at the Races

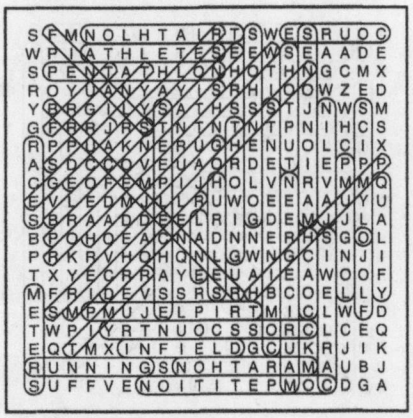

Track and Field

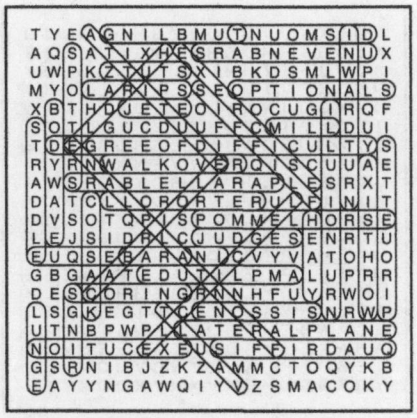

Gymnastics

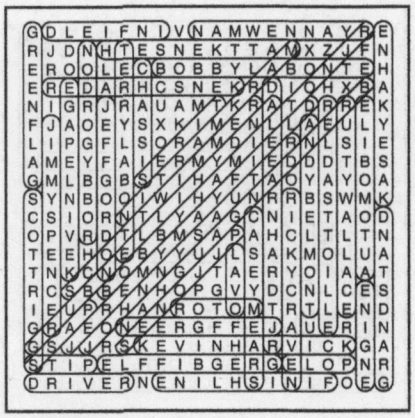

NASCAR

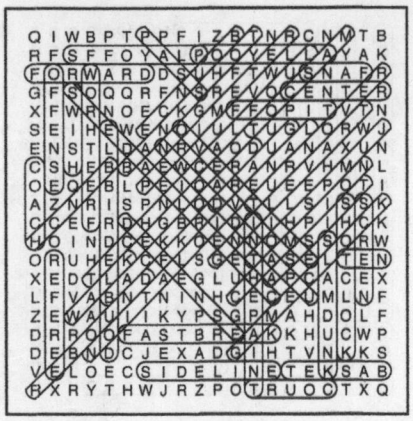

Hoops

We Have EVERYTHING® on Anything!

With more than 19 million copies sold, the Everything® series has become one of America's favorite resources for solving problems, learning new skills, and organizing lives. Our brand is not only recognizable—it's also welcomed.

The series is a hand-in-hand partner for people who are ready to tackle new subjects—like you!

For more information on the Everything® series, please visit *www.adamsmedia.com*

The Everything® list spans a wide range of subjects, with more than 500 titles covering 25 different categories:

Business
Careers
Children's Storybooks
Computers
Cooking
Crafts and Hobbies
Education/Schools
Games and Puzzles
Health
History
Home Improvement
Everything Kids
Languages
Music
New Age
Parenting
Personal Finance
Pets
Reference
Religion
Self-Help
Sports & Fitness
Travel
Wedding
Writing